Juremir Machado da Silva

Um escritor no fim do mundo

(viagem com Michel Houellebecq à Patagônia)

EDITORA RECORD
RIO DE JANEIRO • SÃO PAULO
2011

CIP-BRASIL. CATALOGAÇÃO-NA-FONTE
SINDICATO NACIONAL DOS EDITORES DE LIVROS, RJ

Silva, Juremir Machado da, 1962-
S58e Um escritor no fim do mundo: viagem com Michel Houellebecq à Patagônia / Juremir Machado da Silva. – Rio de Janeiro: Record, 2011.

ISBN 978-85-01-09498-8

1. Silva, Juremir Machado da, 1962- – Viagens - Patagônia. 2. Houellebecq, Michel, 1958- – Viagens – Patagônia. 3. Patagônia (Argentina e Chile) – Descrições e viagens. I. Título.

CDD: 918.27
11-1399 CDU: 913(828)

PROJETO GRÁFICO DE CAPA e ENCARTE
Sérgio Campante

Texto revisado segundo o novo Acordo Ortográfico da Língua Portuguesa.

Direitos desta edição adquiridos pela
EDITORA RECORD LTDA.
Rua Argentina 171 – Rio de Janeiro, RJ – 20921-380 – Tel.: 2585-2000

Impresso no Brasil

Seja um leitor preferencial Record.
Cadastre-se e receba informações sobre nossos lançamentos e nossas promoções.

CÓPIA NÃO AUTORIZADA É CRIME
ABDR
ASSOCIAÇÃO BRASILEIRA DE DIREITOS REPROGRÁFICOS
RESPEITE O DIREITO AUTORAL
EDITORA AFILIADA

Atendimento e venda direta ao leitor:
mdireto@record.com.br ou (21) 2585-2002

Impresso no Brasil
2011

“Quando tu amas é preciso partir
Deixa tua mulher deixa teu filho
Deixa teu amigo deixa tua amiga
Deixa tua amante deixa teu amante
Quando tu amas é preciso partir.
(...)
Quando tu amas é preciso partir
Não choramingues sorrindo
Não te escondas entre dois seios
Respira anda parte vai.”

Blaise Cendrars

1

Eu amo as viagens e as memórias fugitivas. Mas odeio os viajantes e seus relatos. Especialmente quando eles são tristes e longos. Não sou o primeiro a pensar assim. Nem o último a cair em contradição. Talvez eu já tenha escrito isso antes. Adoro os pastiches e costumo me repetir. Entre mim e o meu célebre antecessor nesse tipo de frase, cuja sombra se eleva sobre o meu passado como uma árvore que perdeu as folhas, só há diferenças. Não me refiro, obviamente, ao que pode pensar qualquer um, vulgarmente falando, a respeito dos nossos percursos desiguais e das nossas estaturas incomparáveis. Remeto-me a coisas ainda mais simples. Não levei muito tempo para tomar a decisão de contar a viagem que fizemos — Cláudia, minha mulher, e eu, no final de 2007 — com o escritor francês, ganhador do prestigioso Prêmio Goncourt 2010, Michel

Houellebecq, à Patagônia. Bastou uma semana para que eu estivesse determinado a fazê-lo. Talvez até menos.

Voltei da Argentina com o texto da quarta capa do livro que talvez nas horas tristes viesse a escrever tilintando na minha cabeça cheia de ventos da Patagônia e de vinhos tintos de Mendoza. O estilo imitava claramente a retórica otimista e vazia dos marqueteiros amadores e dos escritores principiantes em busca do sucesso de vendas: "Uma reflexão profunda, embora leve, irônica e divertida, sobre o ato de escrever, o sentido da vida e a diferença entre pinguins e lobos-marinhos." Sem dúvida, pode-se refletir sobre o sentido da existência e da literatura a partir da experiência dos pinguins, dos lobos-marinhos e dos escritores em viagens de férias.

Claude Lévi-Strauss morou nos trópicos e, depois de muito esperar, narrou, acima de tudo, sua convivência com os índios brasileiros. Éramos todos índios naquela época. Isso não interessa. Vamos ao que deve ser contado. Nós fizemos uma reles viagem de turismo ao "fim do mundo". Foram míseros sete dias entre Buenos Aires, Ushuaia, El Calafate e novamente Buenos Aires. Os tempos mudaram. Os exploradores também. Estamos na era da aceleração, das pizzas Hut e da vertigem tecnológica em tempo irreal. Não são apenas o frio, o pouco tempo, a natureza da viagem e o tipo de gente contatada que separam radicalmente a nossa "expedição" daquela imortalizada pelo antropólogo francês, mas essencialmente duas categorias circunstanciais: "dentro" e "fora". Fomos ao exterior. Viajamos para o interior de nós mesmos. É essa narrativa que pretendo fazer aqui: a história de uma viagem ao interior de um homem — sem duplo sentido, *por supuesto*! Não fui para a cama com Michel Houellebecq — tendo como cenário a deslumbrante Patagônia argentina.

Por que, então, começar citando Lévi-Strauss? Provocação? Megalomania? Antropofagia? Talvez. Ou por duas razões profundas e irrefutáveis: há uma homologia entre Lévi-Strauss e Houellebecq. Ambos são franceses. Quer dizer, mais ou menos. Um nasceu em Bruxelas, em 28 de novembro de 1908, e o outro na Ilha de La Réunion, em 26 de fevereiro de 1958 (ou, segundo uma polêmica familiar, em 1956). Eu precisava tentar encontrar uma ideia inusitada para começar esta narrativa. Uma viagem, de todo modo, é sempre uma viagem ao desconhecido e, mesmo com acontecimentos mínimos ou sem qualquer episódio notável, implica estranhamento, choques culturais, livrar-se, ou não, de verdades caseiras, relativismo, etnocentrismo e muitas descobertas que podem marcar profundamente sem deixar rastros externos. Salvo algumas picadas e alfinetadas. Mosquitos argentinos não dão mole. Entre o mapa e o território, como se sabe, tudo é uma questão de escala e de cores vivas. Ao pisar no "fim do mundo", em Ushuaia, a cidade mais ao sul do planeta, Michel Houellebecq disparou laconicamente, entre dois sorrisos melancólicos, plenos de significados enigmáticos e deliciosamente tortos, sua primeira flecha certeira:

— Hum... Pelo jeito, o fim do mundo agora é só uma estratégia de marketing.

Foi, sem dúvida, um bom começo na Terra do Fogo.

2

Traduzi dois livros de Michel Houellebecq para o português: *Partículas elementares* e *Extensões do domínio da luta*, ambos publicados pela editora Sulina, de Porto Alegre. Na verdade, eu introduzi a literatura dele no Brasil numa época em que as grandes editoras nacionais ainda não se interessavam por mais um francês misturando ensaio e ficção. Em 1999, ele veio a Porto Alegre. Em seguida, fomos juntos a um debate, organizado pelo jornal *Folha de S. Paulo*, na capital paulista. Lembro-me de que uma resenhista terrivelmente chata o criticou duramente por fazer sucesso, ou algo parecido, ou por ser vulgar e pornográfico. Houellebecq, vez ou outra, saía da letargia em que se encontrava para reagir com um lacônico, provocativo e surpreendente:

— Ah, bom!?

Depois disso, voltei para casa e ele seguiu sozinho para o Rio de Janeiro e Salvador. O vínculo entre nós, porém, permaneceu, ora mais intenso, ora menos, conforme nossos humores. Seus romances *Plataforma* e *A possibilidade de uma ilha* saíram no Brasil pela grande Record. A cada vez, enviei-lhe um e-mail com minhas impressões sempre encantadas. Ao longo dos anos, eu o entrevistei por fax e e-mail um bom número de vezes. Acompanhei, portanto, sua entrada, como se diz, no seleto clube dos best-sellers. Segui atentamente suas polêmicas, o processo que sofreu por ter dito que o islamismo é a religião mais babaca de todas, os elogios e as críticas à sua obra. A cada semestre, estudei seus livros com meus estudantes de jornalismo, que amaram ou odiaram o que leram, mas nunca ficaram indiferentes. Sempre havia uma menina aparentemente ingênua para observar como leitora atenta e futura crítica literária:

— Bah, esse cara é um tarado.

Já os garotos restringiam-se a comentários de fundo psicológico mais elaborado ou fortemente sexista:

— Pra mim esse louco não come ninguém.

Ou:

— Esse sujeito é muito deprê!

Sempre havia alguém, no entanto, para afirmar:

— Puta, esse cara é genial!

Em 2006, convidei Michel Houellebecq para voltar a Porto Alegre como palestrante num evento que estávamos preparando. Ele já estava envolvido com a adaptação de *A possibilidade de uma ilha* para o cinema e propôs-se a vir ao final de 2007. Eu o encaixei no encerramento do grande evento cultural Fronteiras do Pensamento, que ajudei meu amigo Fernando Schuler a conceber. Houellebecq pediu-me, então, para aproveitar a ocasião e organizar a sua ida à Argentina e, depois, ao Chile, onde uma admiradora sua, Loreto Villaroel, queria recebê-lo. Foi o que fiz. Em determinando momento, ele me revelou sua vontade de ir à Patagônia. Aceitei imediatamente a ideia de uma excursão à Terra do Fogo com o escritor que mais radicalmente satirizara o turismo. Surpreendiam-me, enquanto tratamos dos aspectos práticos da viagem, os e-mails melancólicos ou irônicos de Michel:

"Eu te imploro para assumir essa tarefa, deixando de lado a tradicional rivalidade Brasil-Argentina, pela glória da literatura francesa. É um bom motivo para que te condecorem com a Legião de Honra. Eu vendo mais livros na Argentina que em todos os outros países hispânicos juntos. Preciso ir ao fim do mundo. Faz três anos que tenho um carro e ando pouco de avião. Preciso me mexer. Esta noite, por exemplo, eu me sinto velho, e é verdade que já não sou muito jovem. Talvez eu não tenha outra oportunidade de ir à América do Sul. Tenho de fazer isso com toda calma."

Eu adoro a Argentina, a começar por seus vinhos, que me apaixonam mais do que os chilenos. Gosto também da literatura e do futebol dos "*hermanos*". Não foi difícil, portanto, aceitar o desafio. Comentei com amigos franceses. Eles me entusiasmaram com suas palavras: "Serão dias de muito silêncio. Tu vais poder refletir bastante." Com o correr dos meses, contudo, passei a imaginar que Michel Houellebecq desistiria. Em julho de 2007, ele me enviou uma mensagem triunfante:

"Tu podes ficar orgulhoso de mim: tenho sofrido todo tipo de pressão da produção do meu filme para cancelar a viagem à América do Sul. Eu me recuso. Quero ir ao Brasil, à Argentina e ao Chile. Não vou recuar."

Reli várias vezes esse e-mail e tirei uma conclusão digna de um grande analista da alma humana: ele não virá.

Tratei de arranjar uma desculpa para o momento de anunciar o fiasco que só poderia ser monumental. Não consegui encontrar uma só explicação que colasse. Só me restou deixar o tempo passar. Eu nada podia mesmo fazer para impedi-lo de passar. Houellebecq não viria.

3

Ele veio. Sem hesitar. Em algum momento, preocupado com a possibilidade de que desistisse, lancei mão de recursos altamente apelativos em e-mails carregados de brincadeiras de teor duvidoso: há aqui adolescentes de 17 anos que leem os teus livros e te acham radicalmente delicioso. A resposta foi imediata e muito objetiva:

"Isso é excessivamente tentador. Eu adoraria transar com brasileiras de 17 anos que me acham radicalmente delicioso, mas isso me parece difícil dado o pouco tempo que ficarei em Porto Alegre. Tu não poderias organizar um concurso para descobrir a mais motivada dessas garotas? Afinal, estou ficando velho e talvez seja a minha última oportunidade de ir para a cama com uma brasileira."

Nunca duvidei de que ele ironizava. Tomei cuidado também para que não ficasse em silêncio durante o tempo reservado para as suas conferências como havia feito, durante longos minutos, em 1999. Mais uma vez, ele foi simples e direto: "Escrevi um texto que me permitirá preencher uma hora de palestra." O tema escolhido não agradava meu amigo Fernando Schuler, um liberal escaldado do esquerdismo: "Como a cultura norte-americana domina o mundo." Jurei-lhe que Houellebecq falaria de outra coisa. Menti em nome da glória da literatura francesa no Brasil e da Legião de Honra. A palestra, brilhante, foi sobre esse tema mesmo e, sem qualquer caráter ostensivamente ideológico, encantou grande parte do público. As provocações e as críticas pipocaram sem parar. Sobraram farpas para muitos dos maiores ícones da literatura francesa, a começar por Louis-Ferdinand Céline:

— Eu nunca gostei muito de Céline (...) Acho que como romancista ele regrediu sempre depois de *Viagem ao fim da noite* e que o seu estilo, do qual ele se orgulhava tanto, transformou-se aos poucos em tiques irritantes. Nesse sentido, ele só se recuperou nos panfletos antissemitas, o que não surpreende, pois o estilo panfletário era o mais adequado para a sua alma maldosa e ressentida.

O golpe definitivo veio com um gesto de mão simulando descaso, como se fosse rotineiro e de bom-tom chutar a bunda de um dos mais famosos escritores franceses, um homem conhecido pelo seu reacionarismo e pelo seu racismo, mas endeusado pelo seu estilo:

— Céline, na realidade, criou uma espécie de música, mas uma música qualquer, alguma coisa entre o jazz e a canção popular francesa do começo do século.

Sobre a dominação insidiosa da cultura americana no mundo, associada à conversão de tudo em mercadoria, sua estocada mais forte passou quase despercebida do público.

— É a transformação crescente dos romancistas em *storytellers* — disse Michel, com um tom de voz neutro.

Na verdade, a palestra foi um elogio ao estilo de Alexis de Tocqueville, uma declaração de amor à poesia de Baudelaire e uma tentativa confessa de dar nova legitimidade ao pensamento de Auguste Comte, cujo positivismo influenciou os republicanos brasileiros a ponto de terem colocado em nossa bandeira um dos seus princípios: Ordem e Progresso. Comte havia falado de Amor, Ordem e Progresso. Nossos positivistas acharam que o primeiro termo não era adequado para o pavilhão nacional e o guilhotinaram. De Auguste Comte, Houellebecq chegou a destacar o compromisso absoluto com a fidelidade. Como, ao final, me cabia selecionar as perguntas do público, aproveitei para inventar uma:

— O senhor sabia que Comte teve uma amante brasileira, uma nordestina chamada Nísia Floresta?

Michel ficou chocado. Pediu detalhes em público. Quis saber quem havia formulado a questão. Só mais tarde, depois da segunda garrafa de vinho, eu abri o jogo com ele. Sua passagem por Porto Alegre foi rápida e a seco. Ele tentou pela segunda vez, com oito anos de intervalo, comer a mesma gaúcha. Na primeira vez, ela havia hesitado, desistido e, quando quis reencontrá-lo, chegara cinco minutos atrasada. Na segunda chance, ficamos todos juntos num bar da Cidade Baixa, o reduto boêmio de Porto Alegre. Sem qualquer idioma que os aproximasse, o jogo de sedução ficou complicado, ainda mais com o irmão da moça na mesa. Tentar comer alguém com ajuda de intérprete é como tentar participar de uma suruba sem ser convidado.

Ao final da noite, quando Cláudia e eu o devolvemos sozinho ao hotel, Michel resumiu o fracasso com isenção:

— Agora sei que a fama do Brasil no mundo é hiperdimensionada. Isso não é bom para a imagem do país.

Prometi-lhe que, na primeira oportunidade, pediria ao presidente Lula para tomar alguma providência cabível e imediata em nome da glória da cultura brasileira.

Rimos como velhos amigos que éramos. Ele nos beijou no rosto, como fazem os franceses inclusive com os homens, e entrou no hotel com passos vacilantes e macios. Ficamos parados observando-o ultrapassar a porta giratória de vidro, com certa falta de jeito ou de vontade, carregando nas costas a sua mochila de estudante ou de jovem descolado. Seu corpo lembrava vagamente o de um camelo na noite fresca de um deserto estilizado. Eu imaginava, contudo, sua alma travessa naquele momento como a de uma criança, ao mesmo tempo atormentada por suas fantasias e desejos recorrentes e tranquilizada por sua imensa capacidade de rir de si mesma.

Ele ainda se voltou, na metade de seu percurso atrapalhado e lento, com um cigarro aceso entre os dedos pai de todos e seu-vizinho da mão esquerda, e disse, tentando falar mais alto, num esforço quase penoso:

— *Hasta la vista!*

4

Foi assim, invicto, que Michel Houellebecq passou — pela segunda vez em sua vida — por Porto Alegre, antes de embarcar para a Argentina e de encontrar o caminho do fim do mundo. Havia em seu rosto esburacado uma mescla de ternura imotivada, de paciência infinita e de tristeza ou melancolia. Seus olhos claros revelavam, às vezes, uma imensa doçura sem razão aparente. Cada palavra sua, mesmo quando marcada pela ironia ou pelo sarcasmo, parecia querer desculpar-se por alguma coisa ou mostrar simpatia com tudo. Um ar de desamparo lutava com a segurança de um homem convencido nos seus menores gestos do seu talento. De resto, na abertura de sua conferência na capital gaúcha, Michel havia impressionado a plateia com uma afirmação contundente e gratuita:

— Eu não sou modesto.

Fomos encontrá-lo, dois dias mais tarde, em Buenos Aires, onde ele dera uma palestra organizada pela Aliança Francesa e precedida de muito alarde feito pela grande imprensa portenha. Chegamos à noite. Assim que nos instalamos no Suipacha Suítes, liguei para Michel, hospedado no portentoso Hotel Hyatt, a fim de convidá-lo para jantar. Ele estava alegre e falante. Antes que eu pudesse confirmar minhas suspeitas, disparou:

— Arranjei uma *groupie*.

— Hã...

— Arranjei uma fã desesperada para ter alguns momentos de intimidade comigo.

— Beleza!

— Vou comer alguma coisa com ela.

— Legal! Manda ver. Passamos amanhã, pelas 9 horas, para te pegar. Os pinguins nos esperam.

— Beijinhos — disse ele, rindo, antes de desligar.

Coloquei o telefone no gancho certo de que ele estava brincando. Afinal, já era tarde para sair. Cláudia e eu fomos comer um assado de tiras perto do hotel. Ficamos algum tempo fazendo comentários sobre nosso estranho, famoso e doce companheiro de viagem. Conhecíamos Michel havia quase uma década. Já o tínhamos visto bêbado e loquaz, sóbrio e recolhido, subitamente divertido, generoso, quase infantil, ou fechado num mutismo inquietante e sem fissuras, do qual saía, muitas vezes, com uma observação inesperada sobre algo anódino, antes de uma risada solta e de um meneio de cabeça típico de quem disse ou ouviu algo desconcertante. O mais impressionante era o fato de nunca se irritar com qualquer pergunta que viesse surpreendê-lo nos seus momentos de transe ou de quase autismo. As respostas lacônicas ou monossilábicas, tão características de seu temperamento reflexivo, não traziam contrariedade alguma, mas, acima de tudo, uma falta de solução melhor.

— Hummm...

Mais até do que o sexo e as garotas, um assunto nunca deixava de atrair seu interesse: a literatura. Era citar o nome de um escritor, esboçar uma teoria, emitir uma opinião, enfim, dizer a palavra mágica para despertá-lo de seu torpor aparentemente sem metafísica.

Depois de nosso segundo litro de cerveja, Cláudia disse com um tom curiosamente neutro:

— Ele é triste e carente como um cusco.

— É o jeito dele.

— Eu não disse o contrário.

— Um cusco genial.

— Genial e genioso.

— Não, isso não. Ele nunca reclama de nada.

— Só é triste como...

— Como um tango.

— De vez em quando dá vontade de pegar no colo.

— *Extensão do domínio da luta* é o livro mais triste que eu já li em toda a minha vida.

— Será que ele vai falar durante a viagem?

— Claro que sim. A Patagônia é o seu sonho. Não vai ficar de boca fechada todo o tempo.

— A Patagônia também era o meu sonho.

— Vai realizá-lo amanhã.

— Só por causa do Houellebecq.

— Ah, não, de novo essa ciumeira!

5

Para aumentar o tom aventureiro de nossa expedição à Patagônia, fomos a pé encontrar Michel Houellebecq. Atravessamos a avenida 9 de Julho puxando nossas malas de rodinha sob o olhar impassível dos portenhos. Chegamos cedo ao elegante Hotel Hyatt, cuja recepção nos lembrou a entrada de alguns museus parisienses: fria, dura e impessoal. Michel desceu prontamente. Abraçou-nos com muito carinho. Estava só. Nenhum sinal da *groupie*, da qual, de resto, nunca mais falou. Jamais vi um homem tão discreto a respeito de um assunto normalmente — entre os brasileiros, ao menos — tão adequado a comentários e demonstrações de júbilo. Cheguei a imaginar que a tal *groupie* não passasse de um personagem da sua imaginação.

O gerente do hotel veio despedir-se do hóspede famoso e fazer-se fotografar a seu lado. Fez mil salamaleques. Cumprimentei Michel pelo tratamento VIP que lhe fora dispensado pela Embaixada da França e pela Aliança Francesa. Ele concordou com um meneio de cabeça. Em seguida, deixou escapar seu riso solto.

— O gerente do hotel é irmão do diretor da Aliança Francesa. É por isso que fiquei neste hotel luxuoso.

Rimos o mais baixo que conseguimos.

— Estamos na América Latina, meu caro Michel Houellebecq. Aqui, tudo depende de relações de amizade e de parentesco — eu disse, tentando ser bom sociólogo, antes de tentar me redimir: — Eles fariam o mesmo, de qualquer maneira, sem esse detalhe, pois um cara famoso como tu, com toda essa mídia em cima, merece o luxo.

— O cônsul francês no Uruguai ligou para tentar me convencer a espichar a viagem até Montevidéu.

— É uma boa ideia, meu velho. Montevidéu é uma linda cidade decadente. Vale dar esse pulo até lá. Será preciso trocar a passagem de retorno. Talvez tenhamos de pedir uma autorização do emissor em Porto Alegre.

— Ah, ele que cuide disso! Se conseguir, eu vou.

Nossa viagem começou ali. No táxi para o Aeroparque, o aeroporto de voos domésticos de Buenos Aires, o silêncio tornou-se espesso. Parecia a defesa de um time argentino de futebol, de tão compacto. Ficamos os três espremidos atrás para alojar uma das malas no banco da frente. Avançamos, durante alguns minutos, em paralelo a um conjunto de favelas. Michel não lançava um só olhar à miséria sul-americana. Estava absorto. Em certo sentido, a pobreza argentina chamava mais a minha atenção do que a dele. Salvo se tivesse um olhar periférico extraordinário que lhe permitisse ver tudo a sua volta sem fazer o menor movimento com os olhos. Depois de uns 15 minutos de silêncio total, não me contive. Disparei a pergunta que trazia entalada na garganta:

— E então, a *groupie*?

Michel Houellebecq girou lentamente a cabeça para a direita, de modo a fixar um olhar diagonal — emitindo com o canto do olho direito uma espécie de pontilhado irônico fulminante e impiedoso, embora risonho — sobre o meu rosto amarelado pela luz da manhã, e, após um novo silêncio que durou a eternidade de alguns segundos, emitiu o seu veredicto lacônico e definitivo:

— Boff!

Embarcamos ao meio-dia para Ushuaia, depois de uma espera que não foi longa nem significativa, embora pontuada por longos silêncios cujos sentidos se perderam por absoluta falta de mecanismos mais sofisticados para interpretá-los. Na verdade, havia uma alternância entre o silêncio total e o silêncio parcial, entre o quase nada e o nada como um todo, num ritmo sincopado, melódico, pausado, espasmódico, compreendem? Algo assim:

— Hum...

— ...

Michel e eu sentamos lado a lado no avião. Cláudia preferiu ficar numa poltrona atrás de nós na posição de observadora neutra e dispensada de puxar papo. Cada um escolheu uma trincheira e ali ficou. Michel escondia-se sob a proteção de um volume de tamanho médio. Eu me dissimulava mergulhado nas páginas envolventes de *Na Patagônia*, de Bruce Chatwin. Cláudia, sempre mais prática, a organizadora da nossa excursão — ops! quero dizer, expedição —, lia os melhores guias de viagem. Afinal, alguém ali precisava saber o que havia para fazer no fim do mundo. Vez ou outra, eu espichava os olhos para identificar o livro que Michel tentava desbravar, aparentemente sem muito entusiasmo. Quando ele percebia minha curiosidade, eu disfarçava como podia. Ou seja, muito mal. Várias vezes, porém, eu o flagrei fazendo um esforço considerável para enfiar o nariz sob a capa do meu livro. Nessas ocasiões, Michel fazia um gesto de esquiva curioso, algo entre ameaçar botar a língua para mim ou fazer uma careta involuntária. Acho que era uma ilusão de óptica da minha parte. Assim voamos uma boa meia hora, envolvidos com livros escorregadios e secretos.

— Está bom esse livro? — perguntei-lhe repentinamente, surpreso ao ouvir a minha própria voz.

— Hum... — ele murmurou, mostrando-me o livro.

Era *Terre de Feu*, de Sylvia Iparraguirre. Eu nunca tinha ouvido falar nela. Anotei mentalmente o nome para procurar no Google quando estivéssemos no hotel. Mostrei-lhe o meu livro. Houellebecq examinou o volume com uma curiosidade de entomologista. O objeto chamava-lhe visivelmente a atenção. Passou os dedos nas páginas e na capa.

— Tentei ler este livro há vinte anos — eu disse. — Na época, não gostei. Agora está me parecendo excelente, divertido, cheio de ternura e de emoção — completei.

— Hum...

— Conheces Bruce Chatwin?

— Não.

— Ele fez muito sucesso. Este livro dele se tornou um best-seller na época do lançamento.

— Ah, bom!

— Por que estamos indo à Terra do Fogo, Michel?

— É o lugar habitado mais ao sul do mundo.

— Sem dúvida, é uma razão incontestável.

Traduzi-lhe uma frase de Bruce Chatwin:

— Tierra del Fuego. Terra do Fogo. Tais fogos nada mais eram do que as fogueiras dos acampamentos dos índios fueguinos.

— Tenho certeza, Juremir, de que, sem muito esforço, tu podes achar algo melhor nesse livro para citar.

Rimos como dois velhos amigos em viagem de férias. Achei que depois disso entraríamos numa nova etapa de silêncio espesso e de meditações intermináveis. Não foi o que aconteceu. Michel Houellebecq queria conversar.

— Quase todo francês que gosta de viajar sonha com a Patagônia — disse, bebendo um gole de cerveja. — Faz parte do nosso imaginário, dos nossos mitos, das nossas fábulas modernas, enfim. Não sei como isso começou, nem quando, mas é como se fôssemos ao extremo, ao limite, ao fim de tudo, não havendo nada mais para atingir depois.

Em Ushuaia, numa entrevista amadora que gravamos para um vídeo, ele repetiu praticamente o mesmo discurso: "Para um francês, estar na Patagônia dá a impressão de estar mesmo no fim do mundo. É tão melancólico como sensação, essa impressão de que não se poderá ir mais longe, o que não é verdade, pois a Nova Zelândia fica mais longe da França que a Patagônia, mas isso se cristalizou no imaginário coletivo francês, a Patagônia como um destino distante e estranho. Então qualquer francês, se tiver a possibilidade, irá à Patagônia."

— Eu tenho uma missão a cumprir na Patagônia, Michel, uma missão importante e intransferível.

— Ah, bom!

— Vou tomar posse da Terra do Fogo em nome do meu amigo Jean Baudrillard. Tu serás minha testemunha.

— Ele te pediu isso antes de morrer?

— Claro que não. Ele queria ser o rei da Patagônia. Quem me pediu para fazer isso foi outro francês, o Lucien Sfez, que está passando uma temporada em Porto Alegre.

— Hum...

— Aliás, Bruce Chatwin conta como começou essa história de reis franceses da Patagônia.

— Hum...

— O primeiro deles se chamava Orélie-Antoine de Tounens. Foi lendo Voltaire que ele teria descoberto os índios do Chile meridional. Decidiu que seria rei da Araucânia e da Patagônia. Em 1859, com todo o dinheiro surrupiado da conta da família, partiu, num navio mercante inglês, para sua grande aventura. O mais incrível é que em pouco tempo foi aceito pelos indígenas como soberano de um reino sob medida para ele.

— Os índios deviam estar entediados.

— Acontece que um tal cacique Mañil tinha profetizado, antes de morrer, que o fim da guerra e da escravidão dos índios viria com a chegada de um estrangeiro branco e barbudo, a história de sempre. Numa pensão barata de Valparaíso, Orélie-Antoine escreveu a constituição da sua monarquia constitucional.

— Decoraste o livro, Juremir?

— Por pouco tempo. Eu sempre esqueço tudo que leio.

— Como acabou o delírio desse idiota?

— As autoridades chilenas não tiveram a mesma sensibilidade dos índios. Era gente normalmente sem instrução e sem arroubos renovadores. Orélie acabou preso numa cidade de merda chamada Los Angeles, um lugar literalmente no fim do mundo. Tomou umas porradas e renunciou ao trono, que deveria passar, conforme o plano de sucessão, ao seu pai. Um cônsul francês livrou-lhe a cara e o mandou de volta para a França, onde recuperou o gosto pelo poder. Voltou três vezes à América do Sul. Foi devolvido mais três vezes para a Europa. Parece que os índios o traíram ou perderam o interesse por ele.

— Que persistência!

— Era doido.

— Imagino. Todo rei deve ser um pouco.

— Depois dele, vieram outros, um tal de Gustave Achille Laviarde, de Reims, acionista de Moet et Chandon, que reinou sob o nome de Achille I...

— Ele deve ter exagerado no consumo do produto da empresa da qual era acionista, não?

— Não duvido. Outro rei foi Antoine Cros, ou Antoine II, que, segundo Chatwin, foi médico do imperador brasileiro dom Pedro II. Depois teve Jacques Bernard, neto de Cros, que recebeu a coroa da mãe, tendo se destacado como colaboracionista durante o regime do marechal Pétain. Por fim, mais recentemente, um certo Philippe Boiry.

— Estou deveras impressionado.

— Não é maravilhoso?

— Sem dúvida. É o que eu sempre digo.

— Vou tomar a Patagônia em nome de Jean.

— Por que Baudrillard achava ter direito ao trono?

— Não sei. Talvez por ser de Reims, como Achille I. Certamente por ser uma ideia patafísica, paradoxal, irônica, radical, isso, radicalmente maldita, porra.

— Humm...

— Queres ser o rei da Patagônia, Michel? — repeti-lhe a questão quando gravamos o nosso vídeo em Ushuaia. Suas respostas foram rigorosamente as mesmas.

— Não, pensando bem, não, é muita responsabilidade. Acho que isso traria problemas. Eu recuso.

— Alguém precisa pegar o bastão?

— Acho que eu poderia ser um bom rei, mas há em jogo elementos estratégicos, econômicos, enfim, isso seria uma fonte de aborrecimento. Tu gostarias de ser rei?

— Eu? Não. Eu não sou francês.

— É verdade, ser rei é uma mania francesa.

— Eu detesto a monarquia. É bizarro. O rei decide transar com a mulher e, pronto, dessa trepada nasce um bebê que, gênio ou idiota, será o nosso rei.

— É um sistema que, em relação à democracia, funcionou bem na Europa. É um sistema um tanto engessado, mas o balanço da monarquia é bastante bom.

— Tu não gostas da democracia?

— Sim, sim, gosto também. A questão é saber se as pessoas estão fixadas nos seus lugares ou se elas podem evoluir. Há controvérsia. O que tu achas disso?

— Não gosto de reis. Basta pensar no príncipe Charles, da Inglaterra; é um idiota que será rei...

— Não, ele não será rei. Não tem a menor chance. O rei será William, o outro babaca, o filho dele.

— Que diferença faz?

— A aristocracia tenta resolver o problema por cima, decidindo quem comandará e eliminando de vez qualquer disputa em torno disso. Até os animais têm um líder. É uma questão difícil. Em todo caso a democracia provoca, com frequência, muita confusão por pouca coisa.

— A monarquia me enoja. Na Inglaterra, só serve para alimentar os tabloides com escândalos. Acho que é sustentada por eles para gerar notícias que divirtam a plebe. Essa é a minha hipótese: a monarquia só não cai na Inglaterra por causa dos tabloides, que a financiam e preservam. A tal princesa Diana era uma idiota total.

— Hum...

6

Depois dessa inesperada e categórica reflexão sobre as formas de governo, que teria deixado até mesmo Aristóteles com a cabeça nas nuvens, recaímos no silêncio, cada um com a cara enterrada no seu livro. A viagem de Buenos Aires a Ushuaia deveria durar quatro horas. Havia ainda muito tempo para debates inusitados. Quando o comandante anunciou a escala na cidade de Trelew, já na Patagônia, eu me encontrava mergulhado nas aventuras rocambolescas de bandoleiros americanos refugiados na Terra do Fogo, entre os quais o célebre Butch Cassidy, autor de golpes inacreditáveis, cujo aspecto extraordinário se tornou ainda mais impressionante para mim por terem sido praticados, em boa parte, na solidão do nada, na tristeza do fim do mundo ou na imensidão melancólica do frio austral. Talvez por isso, ao espiar pela janelinha à minha direita, vi um cenário de Velho Oeste, uma espécie de deserto marrom a perder de vista.

Até hoje não sei se vi muito ou muito pouco. Minha imaginação desordeira costuma me pregar peças vexatórias. Tenho certeza de que vi, quando o avião se aproximou do solo, pouco antes de sobrevoar a pista do aeroporto, um lobo de olhos amarelos correndo nas crateras do deserto lunar de Trelew. Tive o cuidado de não manifestar minhas impressões para meus companheiros de viagem. Algo me dizia que Cláudia via carneirinhos correndo na grama muito verde de Trelew e que Michel via seres inimagináveis sob um tapete persa, quem sabe unicórnios, cavalos da Camargue e clones de porquinhos-da-índia envoltos em papel celofane. Depois da nova decolagem, com Trelew voltando a ser apenas um nome sonoro em minha memória auditiva, Michel propôs um jogo interessante. Pronunciar Ushuaia à maneira dos argentinos:

— Ussuaia — eu disse, carregando no esse.

— Ussuaiá — ele disse, carregando na oxítona, como sempre fazem os franceses.

Apesar das inúmeras tentativas, não conseguimos corrigir um ao outro. O clima, porém, estava favorável para viradas radicais de jogo. Foi o que tentei fazer:

— Bruce Chatwin cita Júlio Verne sobre a Patagônia.

— Ah, bom!

— Sim, *O farol no fim do mundo.*

— Hum...

— Cita também um tal Stapledon, autor de... Tive de buscar o título em inglês.

— Autor de *Last and first men.*

— Hum...

— É uma história futurista.

— Hum...

É incrível como Michel pode dizer "humm" com entonações e sentidos diferentes. Sua escala, se bem captei, é composta de umas sete variações, desde o "humm" dubitativo e irônico, até o "hummmm" sarcástico e assassino. No mais das vezes, na Patagônia, ele usava um "hummm" intermediário, bastante anasalado, cujo significado parecia ser "vamos ver, desembucha". Havia também um "hummmmm" de aproximação, emitido, em geral, diante de alguma mulher interessante e linda. Quer dizer, muito interessante, porque linda, *por supuesto, no*?

Li a nota apresentada por Chatwin ao final do livro:

"Nesta memorável fantasia, a espécie humana, agora completamente americanizada, perece por causa de epidemias de canibalismo e de doenças pulmonares e nervosas. Alguns poucos indivíduos desgarrados sobrevivem, porém, ao sul de Baía Blanca, uma nova civilização surge no extremo sul, sob a influência de um adolescente de prodigiosa capacidade sexual, conhecido como o Menino que se Recusou a Crescer. A civilização patagônica conquista o resto do mundo, mas não é menos estúpida que sua antecessora e provoca a própria destruição com um cataclismo atômico."

Era como encontrar todos os livros de Michel Houellebecq; de *Extensão do domínio da luta* até *A possibilidade de uma ilha*, passando por *Partículas elementares* e *Plataforma*, resumidos ali, embora de maneira aproximativa ou imprecisa. Eu não sabia como dizer, ou não podia dizer, mas sentia que eram os seus temas diletos.

— Hum...

— Em *Partículas elementares*, também surge uma nova civilização...

— Uma mutação na civilização. Um progresso.

— Por que seria um progresso de fato?

— Por ser o resultado do avanço da ciência.

— Tu acreditas mesmo que a ciência possa melhorar o homem a ponto de que ele não precise mais de deuses?

Michel Houellebecq me olhou demoradamente, como se estivesse concentrado para absorver o barulho do avião, e sorriu, um sorriso devastador, entremeado de ironia e de piedade, antes de responder secamente:

— Sem dúvida alguma.

— Eliminar as religiões não significaria empobrecer a humanidade do seu patrimônio mitológico e privá-la de Deus como o avalista da moral, o garantidor da ordem?

— Não. A humanidade pode viver muito bem sem Deus.

— Deus é o princípio de ordenação social — eu disse, aproveitando para despejar minha teoria favorita. — É a forma encontrada pela humanidade para impor limites a si mesma. Além disso, tranquiliza os que precisam de uma ilusão de vida pós-morte e aqueles que não vivem sem uma ideia de transcendência. Ruim com ele, pior sem ele...

— Foi assim até agora. Não será assim um dia.

— Tu acreditas mesmo no positivismo de Comte, em toda essa história de estágios, enfim, essa coisa de que a humanidade vai superar o estágio teológico, assim como o metafísico, e chegar ao estágio positivo, científico?

— Claro. Os fatos estão mostrando isso.

Eu ri da ingenuidade dele. Ele riu da minha.

Era sem dúvida um papo-cabeça de altíssimo nível, o mais adequado possível para se ter a 8 mil metros de altitude. Resolvi tornar tudo mais leve:

— Tu gostas de Júlio Verne?

— Bah, sim!

O restante da viagem aconteceu no mais perfeito silêncio. Já não era um silêncio espesso, desses que se pode fatiar como uma pizza tirada de uma caixa, era apenas um silêncio obsequioso e diplomático. Michel não avançou mais de vinte páginas na *Terra do Fogo* de Sylvia Iparraguirre. Eu andei em torno disso no universo nostálgico de Bruce Chatwin. Vez ou outra, eu o espiava. Será que cantarolava "Baía Blanca"? Não havia o menor sinal de Deus no seu rosto fechado. Nem sequer no do padre de batina que dormia encolhido mais à frente.

7

Desembarcamos em Ushuaia numa sexta-feira, no final da tarde. Fazia dois graus negativos. O aeroporto lembrou-nos um chalé na montanha. Um motorista aguardava-nos para o *transfer* até o Hotel Las Hayas. Cláudia esbanjava alegria, como sempre faz quando chega num lugar desconhecido e com fama de ser belo. Michel e eu estávamos taciturnos. Não posso dizer que se tratava de tristeza, visto que não havia motivo, nem de cansaço, pois a viagem nada tivera de fatigante. Era uma atmosfera que nos envolvia. No meu caso, um estranho sentimento de incompletude, de deslocamento, de pisar em falso. Michel encontrava-se simplesmente num dos seus estados de normalidade. Ruminávamos. Vestimos nossas roupas mais pesadas e saímos a passos lentos em direção ao carro.

Ushuaia estava imersa numa espécie de bruma azulada. A cidade, debruçada sobre o mar, espichava-se como um cão preguiçoso. Podia-se sentir a melancolia do fim do mundo nem que fosse por estarmos imbuídos até a medula dessa ideia ingênua e turística. Para Michel, diga-se de passagem, o conceito de fim de mundo era simplesmente geográfico, a última porção de terra habitada antes do gelo infinito. Nunca a geografia me pareceu tão sentimental, até mesmo patética. Era como entrar num cartão-postal sem a neutralidade dos cartões-postais. O carro serpenteou ruas vazias e finalmente afastou-se da parte central subindo a montanha. O Hotel Las Hayas, assentado no alto de uma colina, funciona como um confortável ponto de observação. De suas janelas pode-se contemplar a baía de Ushuaia sem o menor obstáculo.

Tudo se misturou de um golpe na minha cabeça. Tentei cantarolar uma música brasileira que fala em Lévi-Strauss, "o antropólogo Claude Lévi-Strauss detestou a baía de Guanabara...", e fiquei, por ser totalmente desafinado e não querer espantar os turistas, apenas murmurando, numa ladainha silenciosa, um "triste baía, triste baía", que eu já não sabia se era da mesma canção ou se tinha a ver com um poema de Gregório de Matos Guerra sobre a Bahia. Por alguma razão que ainda desconheço eu estava emotivo e achei a baía de Ushuaia a mais triste de todas as enseadas vistas por mim. Era uma foto em branco e preto, arrancada de uma revista muito velha, com vagos tons acinzentados, onde despontavam galeões do passado, dentro dos quais navegadores solitários deviam chorar mágoas de amor jamais reveladas.

Ficamos pouco tempo descansando em nosso hotel aconchegante. Pedimos um táxi e fomos para o centro de Ushuaia. Entramos em algumas lojas. Michel pretendia comprar calçados adequados para o frio. Acabou por adquirir uma touca marrom e um agasalho azulado desses que se pode usar sob o frio e a chuva. Eu comprei uma manta vermelha e um protetor de orelhas. Nossa parada maior foi num supermercado. Michel revelou-se um admirador desse tipo de estabelecimento. Movia-se entre as gôndolas com a desenvoltura de um velho cliente ou com a seriedade de uma boa dona de casa. Examinou até mesmo frutas e legumes. Encantou-se com algo muito semelhante a um repolho. Olhou preços e embalagens. Saiu com uma garrafa de vinho tinto argentino e um pacote de pó de café, se não me falha a memória, colombiano. Diante de nossa estranheza, explicou com estudada naturalidade:

— Eu sempre carrego comigo uma cafeteira italiana.

Andamos pelas ruas de Ushuaia como se percorrêssemos ruas de Cannes, Veneza ou Paris: as marcas de nossa civilização estavam por toda parte, um rastro certamente capaz de estender-se pelos milhares de quilômetros da rodovia Pan-Americana, da Terra do Fogo ao Alasca: American Express, Diesel, Puma, Adidas, Renault, Gucci, Sony, Chanel, BMW... Bastava seguir a trilha. Michel caminhava à nossa frente com sua mochila de jovem descolado às costas. Dentro dela, como um tesouro protegido por uma leve capa, seu laptop, um Macintosh branco. Eu também faço parte da tribo dos usuários de Mac, com uma pequena diferença: deixo o meu no hotel sem maiores preocupações. O vento patagônico soprou mais forte para nos impressionar com o tom local.

Levantamos as informações essenciais para a noite (onde jantar e onde cair na festa sem perder tempo e com alguma chance de animar Michel) com três informantes insuspeitos e que só se abriram graças ao nosso alto poder de comunicação e de superação das barreiras culturais: um motorista de táxi, torcedor do Boca Juniors, um garçom roqueiro e uma balconista de loja de roupas. O motorista do táxi já havia sido categórico:

— Festa é no Saint Christopher. Até meia-noite é restaurante. Da meia-noite às duas da manhã, tem música ao vivo. Depois, até amanhecer, é loucura total.

Michel estremeceu. O taxista repetiu a informação dando detalhes sobre a música, a quantidade de turistas em busca de emoções fortes e de uma noite de prazer. Rimos. Michel, sentado ao lado do motorista, parecia concentrar-se para imaginar sua performance numa rave argentina. Uma rave no fim do mundo. Bom, não era de rave que se tratava, mas nada nos impedia de exagerar.

— Rola uma festa mui bacana — disse o cara do táxi, em portunhol. Michel ficou boiando. Traduzi para ele.

— Hummm...

Antes de saltarmos do táxi, como bom brasileiro, fiz a pergunta que não queria ou não podia calar:

— Boca ou River?

Os olhos do argentino acenderam-se como um lampião.

— Boca, *por supuesto*.

— Inter — eu devolvi.

— *Bueno*, como queira — ele respondeu, indiferente.

Às 20 horas, empurrados pelos ventos frios da Patagônia, já estávamos instalados no restaurante Tia Elvira, apesar das advertências de nosso amigo taxista quanto ao absurdo dos preços praticados ali para comer *centolla*. O ambiente estava agradável, bem aquecido, embora ocupado por turistas, desses mais sofisticados (ou ricos), em busca da boa mesa antes da boa cama. Michel já vestia o seu impermeável recém-comprado. Ficou um tempão tentando livrar-se dele sem conseguir. Um dente do zíper mordeu o náilon e trancou. Parecia um menino desajeitado lutando para vencer a resistência do objeto. Esteve prestes a rebentar tudo. Aquilo começou a me angustiar. Eu desviava os olhos da operação. Quando não pude mais suportar, falei como se desse uma ordem peremptória:

— Cláudia, abre esse negócio aí para ele.

Em segundos, Cláudia, que é craque nisso, liberou-o do pesadelo. Passamos à leitura do cardápio. *Centolla* é um prato feito com caranguejos gigantes, de carne tenra, que mais parecem lagostas. É um bicho típico das águas geladas do Atlântico Sul e do Pacífico Sul. Enfim, um caranguejo argentino ou chileno. Confesso que não me entusiasmou. Cláudia gostou um pouco mais. Michel lambeu os dedos. Os franceses adoram bichos nojentos do mar. Pior são os chineses, que comem bichos nojentos da terra. Em Pequim, meses antes, havíamos comido grilo, escorpião e centopeia. Pensar nisso me deu vontade de conversar:

— Neste ano, Michel, Cláudia e eu estivemos no outro lado do mundo e agora estamos aqui, no fim do mundo.

— Ah, bom!

— O outro lado do mundo não é o fim do mundo.

— Ah, não!

— Estivemos na China.

— Hum...

— Já foste ao Japão, Michel?

— O que tem a ver a China com o Japão?

— Ora, os dois ficam no outro lado do mundo.

— Hummm...

Pedimos um vinho tinto argentino. Se não me engano, um Norton D.O.C. Malbec. Cláudia ainda hesitou:

— Não devíamos pedir vinho branco?

Michel não respondeu. Limitou-se a dar de ombros. Eu me restringi a confirmar o pedido já feito. Afinal, estávamos no fim do mundo. Brindamos à amizade franco-brasileira em terras argentinas. Arrisquei um diálogo mais politizado, reunindo todos os meus fartos conhecimentos de geopolítica internacional.

— Viste, Michel, que o aeroporto de Ushuaia se chama Malvinas Argentinas? Eles ainda não desistiram.

— Hummm...

— Tomaram uma surra dos ingleses.

— Era a ditadura argentina — murmurou Michel.

Só me restou concordar, embora meu ressentimento de sul-americano fosse capaz de me colocar ao lado dos milicos ditadores contra os "invasores" europeus, os colonizadores, os ocupantes, os cretinos, os pulhas. Lancei mão de um argumento que outro motorista de táxi me havia fornecido um dia antes, em Buenos Aires:

— Os ingleses querem também outra ilha daqui, a Ilha de Los Estados. Parece que tem petróleo.

— Tem ovelhas nas Falk... Tem ovelhas nas Malvinas — sussurrou Michel. Depois explodiu numa risada fulminante.

Cláudia parecia divertir-se muito com nosso diálogo inteligente. Não fazia o menor esforço para interromper o fluxo de nossa conversa. A primeira garrafa desapareceu antes que tivéssemos conseguido exprimir um só pensamento completo e significativo. Não nos restou outra alternativa a não ser pedir outra garrafa do mesmo vinho, pois em time que está ganhando não se mexe nem mesmo jogando no exterior, o que fizemos com a alma leve e as línguas cada vez mais soltas.

— Hum... a humanidade é estranha — disse Michel.

— Ah, bom! — foi a minha vez de exclamar.

— Sim. Não podemos viver sem arte.

— Sem religião, sim?

— Com certeza.

— Por que as religiões te incomodam tanto?

— Porque são idiotas.

— Tu disseste isso do islamismo e foste processado. Não te arrependes? Além disso, as outras não são iguais?

— Sim, eu não deveria ter dito. Falei a verdade. É preciso saber fazer a diferença entre o ruim e o pior.

— Eu queria ser processado.

— Não fala besteira, Juremir — disse Cláudia.

— Hummm... — fez Michel.

— Uma leitora disse que eu sou o Voltaire do Rio Grande do Sul. Voltaire sem prisão ou sem um reles processo não tem graça. Ser processado é a glória.

— É insuportável ser processado — murmurou Michel.

— Para um polemista é tudo — afirmei.

— Estou cansado de polêmicas — confessou Michel.

— Pior do que ser processado é não ser lido.

— Hummm... Pior é não ser entendido.

— As críticas te revoltam?

— Aborrecem.

— O que tu fazes?

— Nada. Que poderia fazer?

— Rebater.

— Onde?

— Na imprensa, num blog...

— Num blog?

— Tens o teu, não?

— Está desatualizado há mais de um ano.

— Havia textos muito tristes no teu blog.

— Por que os teus livros não são lidos, Juremir?

— Talvez por serem ruins. Essa é a opinião dos que me criticam. Eu tenho outra opinião. Acho que sou francês demais. Gosto de digressões, de ideias, teorias, de personagens que pensam muito e explicam tudo. Nem sempre conto alguma história. Em geral, a crítica alega que falta unidade e história. Ou que tudo é excessivamente explicado. Acontece que para mim falta explicação nos autores consagrados. Sem contar que amo a fragmentação e tenho horror de personagens burros, que nunca pensam.

— Hummm... Também me acusam de coisas assim. Isso e muito mais. Dizem que há ideias e citações demais em meus livros. Isso é uma bobagem. Os livros de Balzac estão cheios de histórias e repletos de ideias e de citações.

— Nos de Machado de Assis também.

— Ma... cha... do...

— O maior clássico da literatura brasileira.

— Hum... Nos de Borges nem se fala.

— Gostas de Borges?

— Era um gênio.

— Borges e Baudrillard viam-se complacentemente como bons e divertidos impostores não denunciados.

Ficamos um instante em silêncio, como em vários momentos desse nosso primeiro jantar em Ushuaia, bebendo o vinho que nos restava em pequenos goles carregados de subentendidos, observando-nos placidamente. Michel já tinha os olhos avermelhados. Eu me sentia pronto para mais uma garrafa. Cláudia examinava os demais clientes do restaurante como se fizesse uma pesquisa etnográfica. Foi aí que me atrevi a fazer aquela pergunta oca de jornalista afetado ou de título de artigo para estudantes de oficinas literárias em busca do sentido da vida.

— Por que escrever, Michel?

A resposta veio, remoída, em três tempos, todos precedidos de sorrisos de comiseração.

— Para existir...

— Sei...

— Para ganhar dinheiro...

— Hum...

— Para ser famoso...

Um quarto tempo veio depois de um longo intervalo:

— Para contar histórias...

— Ficaste rico, Michel?

— Bastante.

— Vamos ao Saint Christopher? — perguntou Cláudia.

— Não sei, já é tarde — hesitou Michel.

— Ah, vamos sim, nada de querer dormir agora — decretou Cláudia. — Vamos cair na festa — completou.

Pagamos a conta, uma paulada, pedimos informações sobre a localização do Saint Christopher, situado muito perto do Tia Elvira, e, na hora de voltar para a rua, onde nos esperava o vento da Patagônia, pedimos um táxi. Já tínhamos todos a aparência de bonecos de inverno, com nossas toucas, mantas e casacos. Retornamos, como bons meninos ou turistas prudentes, para o hotel. Durante o trajeto, várias vezes Michel emitiu o seu grunhido:

— Hummm...

Nossos quartos ficavam no mesmo andar, lado a lado. Michel parou na porta do nosso e ficou calado, numa despedida demorada e enigmática. Hesitava. Por se tratar de um romancista tão afeito ao erotismo desbragado — nos seus livros, ao menos —, talvez a nossa imagem tenha se precipitado. Será que ele pretendia alguma coisa?

— Então é isso, meu velho, até amanhã — eu disse.

— Hummm... Boa-noite.

Quando já estávamos deitados, Cláudia perguntou:

— Será que ele queria dormir com a gente?

— Não sei. Que achas?

— A cama é pequena.

— Cretina.

Rimos. Transamos como se fôssemos personagens de Michel Houellebecq. Enfim, duas partículas elementares.

8

Era inevitável. Sonhei com Michel Houellebecq. Ele me pegava em flagrante bisbilhotando o seu site oficial e outros endereços virtuais num cibercafé de Ushuaia. Ventava muito. Nevava. Eu anotava freneticamente num bloco de papel dados sobre a sua vida como se me fossem totalmente desconhecidos: nasceu em 26 de fevereiro de 1956 (mudou a data para 1958). Pai: guia de alta montanha. Mãe: obstetra e depois anestesista. Uma meia-irmã quatro anos mais jovem. Infância: criado por Henriette, a avó paterna comunista, de quem adotou o nome Houellebecq, e pela avó materna. Morou em Dicy (Yonne) e em Crécy-la-Chapelle. Educação: parte dela num internato, o liceu Henri Moissan, em Meaux. Apelido dado pelos colegas: Einstein. Planos para o futuro: alguns anos de preparação para as Grandes Escolas, onde se formam as elites francesas.

Ensino superior: em 1975, entra na Escola Superior de Agronomia. Como Alain Robbe-Grillet? Como Robbe-Grillet, claro, se isso tem algum significado. Por fim, se de fim se trata, estudos de cinema em Paris.

Acontecimentos decisivos: a morte da avó, em 1978. A formatura como engenheiro agrônomo, em 1980. Casamento com a irmã de seu melhor amigo. Desemprego. Em 1981, nascimento do filho, Etienne. Divórcio. Crise, depressão, internações em clínicas psiquiátricas. Eu anotava sem pensar, com as mãos duras de frio, apesar do aquecimento. Michel me olhava sem dizer uma palavra. Havia uma enorme tristeza no seu rosto decomposto. Eu me sentia envergonhado. Queria parar, não conseguia. Primeiras publicações: *Contre le monde, contre la vie*, biografia de Howard P. Lovecraft, e *Rester vivant* (1991). Prêmios: Tristan Tzara, pela coletânea de poemas *La poursuite du bonheur*. Grand Prix National des Lettres Jeunes Talents, em 1998, pelo conjunto da obra. Prix Flore para *Le sens du combat*. Prix Novembre para *Partículas elementares*. Prix Impac, em 2002, em Dublin. Prix Interallié, em 2005, para *A possibilidade de uma ilha*. Devo ter saltado algum. 1998: casamento com Marie-Pierre Gauthier. Eu precisava parar de copiar aquilo.

— Tu ainda não sabias isso tudo, Juremir? — perguntava, subitamente, Michel, com uma voz quase inaudível, triste, muito triste, enlutada, gélida.

— Sim, eu sabia, mas eu sempre esqueço...

— Ninguém vai querer ler isso. Vai ficar chato.

— Ler?

— Sei que vais escrever sobre mim.

— Não...

— Não leste sobre mim quando traduziste *Partículas elementares* e *Extensão do domínio da luta*? Não sabes que fui traduzido em mais de quarenta países?

— Sim, porém... Foste traduzido em 25 línguas?

— O que estás procurando, Juremir?

Constrangido, eu me encolhia contra a tela do computador. Sem saber como me defender, revidava:

— Por que gravaste um disco recitando teus poemas, Michel? O que buscavas com isso? Por que não me enviaste um exemplar desse disco, *Présence humaine*, não? Esse Bertrand Burgalat é um bom músico?

Ele ria. O riso iluminava seu rosto emburrado.

— Por que deveria te enviar um exemplar?

— Tu me enviaste um exemplar de *Lanzarote*, teu livro com belas e tristes fotografias.

— Foi a editora.

— Havia uma dedicatória tua.

— Ah, bom!

— Não te lembras, Michel?

— Tu não viste a adaptação que Philippe Harel fez de *Extensão do domínio da luta* para o cinema?

— Não. Tu não participaste dessa adaptação, Michel?

— Sim, sim...

Eu mascava cristais de gengibre para amenizar uma dor de garganta. Michel olhava para a caixinha redonda do gengibre, esquecida ao lado do mouse, como se fosse pedir um. Não o fazia. Eu pretendia oferecer-lhe. A ideia não me vinha realmente. Não se concretizava. Era levada pelo vento da Patagônia. Eu pensava em quanto os seus livros haviam vendido, dois milhões de exemplares? Michel me apontava o dedo, repentinamente enraivecido. Eu via sua unha longa e escura. Uma palavra saltava da sua boca:

— Chega!

— Michel, pelo amor de Deus, pensa, tu gostas de Baudelaire como eu. Nós dois amamos *A montanha mágica*, Huxley, Leonard Cohen, Schopenhauer, Jimi Hendrix...

— Tu não gostas de Comte nem de Kant, Juremir.

— Bem...

— Tu não adoras Balzac.

— Sim, eu gosto muito de Balzac.

— Não o suficiente. Além disso, tu gostas de Céline.

— Bem, eu...

— Somos muito diferentes, Juremir.

— Tu gostas mesmo de Kant, Michel?

— Muito. É um filósofo realmente extraordinário. Sem contar que seria um bom nome para um gato.

— Num romance meu o gato se chama Schopenhauer.

— Hummm...

— Conheço uma guria, bem gostosa, escritora, intelectual, que tem um cachorro chamado Nietzsche.

— Cachorro ou gato?

— Não me lembro.

— Ela tem uma frase de Nietzsche tatuada no corpo?

— Hummmmmmm... Em que parte do corpo, hein?

— Não vi.

— Um escritor, Juremir, precisa ser mais observador. A pesquisa de campo é fundamental, tem de tocar.

— Eu sou casado, lembra?

— Hummm... A arte exige tudo.

— A arte? Hã-hã. A arte, claro.

— Basta!

— Por que tu és tão triste, Michel?

— Não sou triste. Sou verdadeiro.

— Tu és cínico?

— Não.

Michel estendia a mão para a minha caixinha de cristais de gengibre. Eu a colocava no bolso. Em seguida, só havia o vento da Patagônia balançando a persiana como um rato silvestre ou como um castor obstruindo um lago. Sob a neve, com um cigarro de filtro amarelo aceso entre os dedos anelar e médio da mão esquerda, um índio alacufe me fitava num silêncio aterrador. A atmosfera era sinistra, bizarra, caótica: uma mistura de árvores mortas, de destroços de aviões e de navios, de carcaças de computadores e de edifícios em chamas. Na cela de uma prisão desconhecida e rude, brilhava sob uma vela uma fotografia de Jean Baudrillard. Crime: eliminação do fim. O índio alacufe, com o seu fogo entre os dedos, apontava para mim e balbuciava uma poesia de Eliot. Hummm...

— Seu pai também esteve na Patagônia, Michel.

— Hummm...

9

Tomamos café muito cedo e saímos, com um guia falando francês, para um passeio no Parque Nacional da Terra do Fogo. Michel estava perfeitamente silencioso. Acho que a voz só lhe voltava depois das 10 horas da manhã. Cláudia e eu brincávamos com a sonoridade dos nomes de tudo um pouco: Baía Lapataia, Tierra del Fuego, nothofagus, Canal de Beagle, Cabo de Hornos, Cap Horn, "Ussuaia", Fin del mondo, Passagem de Drake... Ali, naquelas terras extremas, haviam vivido os Onas, comedores de guanaco, os Yaganes, comedores de moluscos, de peixes e de focas, e outros grupos humanos, milhares de anos antes de nós, comedores de hambúrgueres, de queijos podres e de picanha assada. Depois, como exterminadores do passado e do futuro, haviam chegado os europeus, a expedição precursora de Fernão de Magalhães, em 1520, e, ao longo do novo tempo, os evangelizadores, anglicanos e salesianos, portadores da Boa-Nova que não deixaria pedra sobre pedra, salvo o fim sem ilusão como promessa de uma eternidade messiânica e sem finalidade.

Ali estávamos, repito, junto com o escritor que mais havia satirizado o turismo nas últimas décadas, especialmente em *Plataforma*, e que havia também zombado ao extremo, em *A possibilidade de uma ilha*, das utopias religiosas e de seus messias. Enfim, o escritor que tudo ridicularizara, das confraternizações entre colegas às viagens de férias. Mesmo assim, sem qualquer complexo, corremos para nos fazer fotografar juntos a uma placa com uma autêntica inscrição simulada: Estação do Fim do Mundo. Dali partia um trenzinho turístico. Michel mostrou-se rapidamente um excelente fotógrafo, para alegria de Cláudia. De mim, ela já nada esperava. Sou um especialista em imagens naufragadas. O prospecto da agência de viagens falava em montanhas, florestas e mar.

A Cordilheira dos Andes é um imaginário que se vende bem. O guia parecia ter um mantra. A cada três frases, referia-se aos aspectos "patagônicos e magalhânicos" da região. Em algum momento, ele explicou pausadamente:

— Aqui é o começo da famosa rodovia Pan-Americana, que vai até o Alasca, passando por selvas e montanhas, ao longo de 32.424 quilômetros de aventuras.

Ficamos impressionados. Uma estrada é um imaginário. Ainda mais que o guia, esquecendo o francês de bolso, falou orgulhosamente "*carretera panamericana*". Esse "*carretera*" ficou repicando nos meus ouvidos como algo excepcional. Sem, obviamente, razão alguma. Já os "32.424 quilômetros de aventuras" me deixaram em estado de excitação total. Se o sujeito estivesse vendendo alguma coisa, eu teria comprado na mesma hora. Decidi, ali mesmo, um dia fazer essa viagem, de ponta a ponta, com meu amigo Bernardo Issler, um professor setentão que dirige uma gigantesca Land Rover pelas ruas da Pauliceia Desvairada como um caubói montado no seu fogoso corcel.

Michel cochilava. Cláudia o cutucou:

— Ei, Michel, acorda, vamos, que silêncio patagônico e magalhânico esse teu, hein?

— Hummm...

Estava quente dentro da van. Ele tentou tirar o casaco. O zíper trancou novamente. Senti que ele ia conseguir destroçar o agasalho, embora, paradoxalmente, se mantivesse calmo, contido, impassível. Apenas os seus dedos tentavam escapar desse autocontrole supremo ou inumano. Era como se um adulto segurasse a mão angustiada de uma criança. Cláudia inclinou-se e, com a mesma tranquilidade da primeira vez, o liberou daquela tortura.

— Hummm... Ela é boa mesmo nisso!

Essa cena se tornaria rotineira. Tão rotineira quanto seus hábitos de segurar o cigarro entre os dedos anelar e médio ou de cheirar o lenço amarrotado como se fosse um paninho de bebê, algo que fazia por horas a fio, mesmo durante caminhadas mais longas. Ingressamos no parque. Não vimos os castores, embora tenhamos avistado seus estragos e represas, nem, na costa, os animais anunciados nos guias turísticos — macás, ostreros ou o famoso caiquém —, mas encontramos uma atmosfera fora do tempo ou, ao menos, capaz de se impor naturalmente ao intemporal do turismo. Pensamos em carimbar em nossos passaportes, numa espécie de derradeira agência dos correios, junto ao canal de Beagle, se não estou fazendo confusão, Puerto Guarani, a inscrição "fim do mundo". Desistimos por causa da fila.

Depois de muitas voltas, descemos para andar na beira do lago Roca, cujas águas melancólicas nos deixaram de humor tranquilo, quase morno. Michel encantou-se com os coelhos que vimos no bosque. O que vimos de mais belo, entretanto, foi um pica-pau, com sua crista vermelha, equilibrando-se na verticalidade das árvores como se estivesse pousando numa plataforma espaçosa e plana. Entramos na sala de um restaurante onde um lindo fogo ardia numa lareira.

Michel e eu nos sentamos para que Cláudia nos fotografasse em pose de escritores falando de literatura junto às chamas sagradas do fim do mundo.

— Façamos um ar inteligente — ordenou Michel.

— Isso será fácil para nós — eu brinquei.

Ali, junto à lareira, tivemos a nossa primeira "*conversation animalière*", no modelo dos bestiários descritos por Michel em "*Extensão do domínio da luta*".

— O pica-pau e os coelhos dão maus exemplos para a humanidade — afirmei peremptoriamente.

— Hummm....

— O pica-pau só pensa em trabalhar. Os coelhos não têm a menor ideia de controle de natalidade.

— Eu gosto dos coelhos — observou Michel.

— Como será que Deus fez para bolar tantas espécies diferentes, com tantas cores e estilos de vida?

— Não foi Deus.

— Quem foi então?

— A natureza.

— Já ouviste falar naquela teoria sobre o "Grande Arquiteto do Universo?

— Hummm...

— Não acreditas mesmo em Deus?

— Não. Infelizmente.

— Leste o texto de Jean Baudrillard sobre a Terra do Fogo? É lindo e triste. Chama-se "Terra do Fogo — Nova York, ou o fantasma do fim do mundo"?

— Qual a relação com os animais?

— Nenhuma.

Ele explodiu numa risada, aquela risada típica dos franceses, um puffff!!! Eu me senti obrigado a fazer uma citação inteligente de Baudrillard para compensar:

— Por toda parte o nada, o deserto, o horizonte estéril, as perspectivas ilimitadas. Para dizer a verdade, aqui não há natureza nem cultura, mas selvagem rejeição de ambas — refutação da paisagem no vácuo do vento, do céu fuliginoso, da inútil baía...

Eu conhecia o texto de cor não só por tê-lo traduzido para o Brasil, mas por tê-lo decorado antes da viagem prevendo a necessidade de algumas citações para alimentar uma boa conversa no meio do gelo. Só não esperava ter de gastar a minha primeira bala erudita junto ao fogo de uma lareira. Meu lado jornalístico já estava aflorando e me lembro de ter dito sinceramente:

— Que belo lugar para gravar uma entrevista.

Cláudia me desiludiu prontamente:

— A bateria da filmadora já está descarregada.

Michel Houellebecq limitou-se a observar:

— Sim, daria uma boa imagem daquelas de televisão.

O resto da manhã foi entrecortado de observações sobre os hábitos dos castores, as diferenças entre a literatura de Catherine Millet e de Christine Angot, a rivalidade entre brasileiros e argentinos no futebol, na política e na cultura e as provas da existência de Deus segundo alguns filósofos racionalistas. Tentei explicar-lhe a diferença abismal entre Pelé e Maradona. Não tive sucesso. Compreendi rapidamente que para ele o Pelé brasileiro é Gisele Bündchen. Melhor falar de religião. Ushuaia era o cenário perfeito para o nosso desejo de metafísica a bom preço e para o uso dos nossos cartões de crédito aptos a cobrir gastos consideráveis.

Almoçamos num restaurante chamado La Estancia, no centro de Ushuaia. Cláudia e eu devoramos um "cordeiro patagônico" e uma garrafa de Terrazas Malbec. Michel contentou-se com uma salada muito frugal e uma água mineral com gás. Uma decepção magalhânica. Cheguei a pensar que comeríamos sem falar uma só frase com início, meio e fim. Repentinamente ele modulou a voz e disse:

— Não, eu prefiro jantar, gosto mais de jantar.

Eu resolvi pegar a "deixa" e seguir no mesmo ritmo encadeado e instigante. Limpei a garganta com vinho:

— Tu preferes Rimbaud ou Baudelaire?

— Baudelaire, claro.

— Eu prefiro Baudelaire também... E os vinhos argentinos aos chilenos. São mais aveludados.

Michel riu. Todo o seu rosto ficou iluminado. Sempre que ria assim era como se uma inocência infantil brotasse de algum lugar para deixá-lo quase indefeso.

— Qual poema de Baudelaire tu preferes, Juremir?

— A serpente que dança. — Um dos 84 poemas das *Flores do mal* que traduzi para uma nova edição brasileira.

— Por que tu fizeste isso, traduzir de novo?

— Eu queria tornar a poesia de Baudelaire novamente escandalosa. Em 1857, ele e Flaubert foram processados, sei lá, por atentado ao pudor. As traduções brasileiras de Baudelaire poderiam ser lidas numa missa sem chocar.

— *Que j'aime voir, chère indolente,/ De ton corps si beau,/ Comme/ une étoffe vacillante, Miroiter la peau!* — recitou Michel, com muita elegância. Eu já o tinha ouvido recitar os próprios poemas. Fiquei emocionado com o seu amor sincero e sem pompas por Baudelaire.

— Baudelaire e Flaubert foram o máximo, a perfeição absoluta — eu disse, deslumbrado e bêbado.

— No fundo, não havia razão para os processos — arriscou Michel. — São obras lindas, não vejo algo realmente imoral nelas, nada de realmente chocante.

— Ora, Michel, tu sabes bem que, para a época, Baudelaire fez a apologia do ópio e da prostituição. *Madame Bovary* é uma história de adultério.

— Sei, só que não se trata de apologia.

— Tu também já foste processado, Michel, por racismo e sei lá mais o quê. Sem contar os processos no sentido metafórico do termo, por machismo, xenofobia, reacionarismo, stalinismo e tudo mais.

— Hummm... Eu preferia que isso não tivesse acontecido. É muito penoso. Prefiro esquecer.

— Tudo já foi escrito em literatura — eu disse, sem vergonha alguma de me tornar pomposo e oco.

— Não exagera — observou Cláudia.

— Uma ideia interessante é pegar textos clássicos e continuar, inventar novos desdobramentos, coisas assim, entendes? Pegar uma história de Balzac e explorar novas possibilidades a partir do ponto onde ele parou — sugeriu Michel, cada vez mais interessado na conversa.

— Alguns mereceriam ser reescritos, não?

— Claro. Mas não só isso. Tem gente que já faz coisas assim. Haveria muito a fazer ainda. As possibilidades são infinitas. Pode ser muito divertido e criativo.

— Tem sempre quem critique esse tipo de intervenção, quem fale de plágio, de chupação ou até de heresia.

— Sei...

— Quem tu reescreverias?

— Victor Hugo, por exemplo.

— Por quê?

— Às vezes, ele é verboso.

— Céline?

— Ah, sim. O estilo dele virou, aos poucos, um tique nervoso, uma mania, uma repetição sem criatividade.

— Pode-se escrever muito sem ser verboso. Simenon nunca é verboso. Jamais há excesso no que ele escreve.

— Eu adorava ver o comissário Maigret na tevê.

— Tu olhas muito televisão, Michel?

— Um pouco...

— Eu vejo umas cinco horas por dia. É bom para descansar. É uma maneira de ficar sem fazer nada.

— Hummm... Eu posso ficar muito tempo sem fazer nada, nada mesmo, dias e dias, sem a menor dificuldade.

— Eu gosto cada vez mais de romances policiais.

— Hummm...

— Eu adoro os livros de Fred Vargas.

— Hummmm....

— Alguns deles se passam na Edgar Quinet. Eu morei ali perto, em Montparnasse, durante vários anos. Eu me sinto em casa nos ambientes dos seus livros.

— Hummm. Tem o seu *L'Homme aux cercles bleus*... Há bons autores de romance policial na França, Juremir. É uma narrativa ágil, convincente, embora possa derrapar com facilidade. Eu gostava muito de Jean-Patrick Manchette. Ele escreveu algumas coisas geniais.

— *La position du tireur couché*. Esse é genial.

— Sim, esse também. Acho que o melhor que ele fez foi mesmo o seu *Petit Bleu de la Côte Ouest*.

— Tens razão, Michel.

— Tu preferes os americanos, acima de tudo Raymond Chandler — disse Cláudia, brincando com os despojos do pobre cordeiro patagônico.

— Eu os descobri na França.

— Hummm...

— A literatura francesa, Michel, é malvista no Brasil. É tida por umbilical, ensaística, cerebral, chata mesmo, com ideias em demasia e poucas histórias.

— Culpa do Novo Romance.

— Eu traduzi Robbe-Grillet e Claude Simon.

— Hummm....

— Traduzi também Pierre Michon, que não faz parte do Novo Romance, mas é um estilista atual de poucas histórias e frases muito elaboradas, uma prosa poética levada ao extremo. Ele é considerado cult.

— Hummm... O Novo Romance me entedia.

Acho que foi o efeito do vinho. Ou um espírito argentino criador de confusão. Sei apenas que fiquei melancólico de um só golpe. Não pude evitar de dizer:

— Escrever é muito triste, Michel, uma imensa tristeza. Teus livros são tristes de dar dó.

— E os teus?

— Também.

— Para escrever bem é preciso ser sincero — disse Michel, com um cigarro apagado entre os dedos. — Se algo é triste, deve-se exprimir radicalmente essa tristeza. A literatura não suporta a falsidade. É isso que conta.

Pedimos a conta e recaímos num silêncio sem espessura, apático, patético. Fomos tomar café noutro lugar. Num muro, uma pichação me fez rir: "O fim do mundo é aqui." Andamos um pouco pela rua principal tomada de turistas. Depois, lentamente nos dirigimos para o porto. A tarde seria dedicada ao mar e aos pinguins.

10

Os ventos patagônicos e certamente magalhânicos assobiavam com força quando embarcamos no *Ezequiel*, um catamarã da Rumbo Sur, para um longo passeio pelo canal de Beagle. Estávamos a mais de 3 mil quilômetros de Buenos Aires e a apenas mil quilômetros da Antártida. As montanhas cobertas de neve ao fundo de Ushuaia provocavam em mim, ao menos, uma estranha sensação de aconchego, uma mistura de cheiro de chocolate quente e de fogo crepitando nas lareiras dos bons hotéis. Michel preferiu sentar-se na parte interna da embarcação. Encolheu-se junto à vidraça do lado direito e entrou em transe. Talvez pensasse em Charles Darwin a bordo do *Beagle*, no distante ano de 1830, cruzando aquelas águas sempre iguais e sempre outras. Talvez sonhasse com o Cap Horn, o Cabo das Tormentas, último ponto da

América do Sul antes do grande vazio antártico, uma falésia de 425 metros situada no limite norte da mítica Passagem de Drake.

Eu pensava em Fernão de Magalhães hibernando por cinco meses à entrada do estreito que levaria seu nome, dominando uma revolta, contendo a aflição ao perder naus, escrutando as noites geladas, instigando seus homens a continuar, buscando forças para prosseguir. Eu não podia deixar de pensar na morte de Magalhães, nas Filipinas, em combate, impedido de completar sua volta ao mundo. O mais interessante era pensar nos 18 homens da sua expedição que aportaram em Sevilha, em 1522, Juan de Elcano, Francisco Alb, Juan de Acurio, Nicolas, Vasco, Diego, Miguel... Eram seis Juans. A biografia de cada um seria um belo romance. Coisas menos importantes me faziam sonhar com a mesma intensidade. Por exemplo, Magalhães descobrindo a Ilha dos Ladrões. Que belo nome!

Claro que eu pensava também noutro homem, de nome talvez menos conhecido, o holandês Willen Schouten, que, em 1616, descobrira o Cap Horn, lugar de todas as tormentas e de tantas aventuras naufragadas. Eu pensava numa das minhas frases prediletas: da necessidade do naufrágio. Não existe navegação sem naufrágio. Salvo, talvez, a de cabotagem. Avançávamos para ver os lobos-marinhos e os pinguins nas suas ilhas.

Iríamos até o farol do fim do mundo. Ficaríamos mais de seis horas dentro daquele barco. Eu parafraseava Lacan para meu próprio consumo: a aventura acontece no imaginário. Não apenas o sexo. Na literatura, nada acontece. Tudo se dá nesse terreno brumoso que agora chamamos imaginário.

Michel tentava tirar o casaco. Cláudia soltou uma gargalhada antes de ajudá-lo. Ele ficou um tempo interminável cheirando seu lenço. Então, muito sério, sem temer o ridículo da minha comparação, eu lhe disse:

— Firmar-se como escritor para mim sempre quis dizer dobrar o Cap Horn, compreende?

Michel sorriu generosamente:

— Hummm... É patético.

— Tu acreditas nas ideias de Darwin, Michel?

— Claro. Que pergunta!

— No Rio Grande do Sul, os discípulos de Auguste Comte costumavam degolar seus inimigos — alfinetei.

— Há muitos romances sobre isso?

— Alguns.

Para matar o tempo pedimos uma garrafa de vinho tinto, um Santa Julia de qualidade média, embora sendo o mais caro da carta. O álcool torna as viagens marítimas menos serenas. O barco, mesmo assim, parecia avançar preguiçosamente. De nosso ponto de observação, enxergaríamos Porto Williams, o vilarejo mais ao sul do mundo. Argentinos e chilenos brigam pelo marketing do fim do mundo. A propaganda argentina parece mais eficaz, com Ushuaia dominando o imaginário ocidental, embora fiquem no Chile o mítico Cap Horn e esse extremo Porto Williams. Apenas os pinguins, os lobos-marinhos e as focas nos arrancaram de nossos confortáveis lugares. Filmamos Michel na sua descoberta de uma "pinguineira". Por vezes, a câmera parecia constrangê-lo. Outras vezes, ao contrário, quase posava para a nossa cinegrafista. Cláudia temia aborrecê-lo e não queria bancar a tiete. Procurávamos filmá-lo sem que percebesse. Acumulamos uma tripa de imagens entrecortadas, tremidas, interrompidas.

Na frente de uma ilha apinhada de lobos-marinhos, aves e pinguins, a Ilha de Los Lobos, Michel e eu tivemos a nossa segunda "*conversation animalière*", um tanto mais metafísica ou transcendental. O espírito de Darwin talvez tenha influenciado algumas das nossas posições. Depois de ficar alguns minutos grudado na amurada do catamarã, fotografando os bichos, cercado de turistas encantados com a fauna da Patagônia, Michel voltou para o seu lugar, como um bom menino disciplinado, sacou seu paninho de bolso e passou a cheirá-lo com um ar reflexivo. Numa das minhas passagens pelo nosso QG, em busca da minha caixinha de cristais de gengibre, ele me interpelou:

— Detestei esses lobos-marinhos — disse-me, antes de cair na risada. — Eles dão um péssimo exemplo a todos.

— Ah, bom!

— Com certeza. Nunca vi animais de nível mais baixo.

— Como assim?

— Ficam atirados sobre as pedras, como marmanjos deitados num sofá, sem fazer coisa alguma.

— Sei, marmanjos bebendo cerveja e vendo futebol.

— Hummm... Esses bichos não honram a espécie. Não vejo razão alguma para a existência deles. Além disso, cheiram mal. Passam uma impressão horrível.

— Não sei, Michel. Eles me parecem tão filosóficos.

— Ficaste louco?

— Sim. Eles me lembram Diógenes, o cínico, no seu tonel, respondendo a Alexandre da Macedônia, quando este lhe perguntou se necessitava de algo, que precisava que o rei se afastasse um pouco para não lhe barrar o sol.

— Não concordo. Tenho certeza de que eles não pensam em coisa alguma e ficam soltando puns o tempo inteiro. Não dão um bom exemplo para turistas necessitados de modelos a seguir. São péssimos exemplos para as crianças e certamente, mais ainda, para os adolescentes.

— Sei não, Michel. Espiei mais de perto e os achei parecidos com a Brigitte Bardot protetora dos animais.

— Não me pronunciarei sobre isso. Reafirmo que esses bichos são modelos negativos para a juventude.

— E os pinguins?

— Aí é completamente diferente. Eles são simpáticos, elegantes e frágeis. Os pinguins têm a minha aprovação.

— Parecem meio idiotas.

— Ah, não, Juremir, tu não podes dizer isso.

— Por que não? Vejo nos lobos-marinhos um elogio da preguiça e uma recusa do produtivismo ocidental. Os lobos-marinhos são naturalmente anticapitalistas. Já esses pinguins me causam alguma desconfiança.

— De jeito nenhum. É o contrário. Como confiar numa espécie que se deixa parasitar por aves e outros bichos sem esboçar a menor reação? Os pinguins pas sam certo otimismo. São um bom parâmetro para a humanidade.

— Continuo em dúvida. Esses lobos-marinhos me parecem eremitas. Eles têm algo de sábios budistas alheios à vaidade e aos jogos de poder deste mundo efêmero.

Michel soltou uma das suas gargalhadas abafadas.

— Eles são idiotas e certamente piolhentos. É só.

— Como os eremitas.

— Prefiro os pinguins, Juremir.

Eu já via Michel Houellebecq caminhando entre os pinguins, cheirando seu lencinho, com um cigarro no meio da mão, a cabeça baixa, o rosto iluminado pelo orgulho. Quando encostamos numa grande pinguineira, o barco a poucos metros da ilha, dela separado justo por uma porção de água tranquila, sonhei em filmar e em entrevistar Houellebecq no meio dos pinguins. Não acreditei, contudo, na minha capacidade de convencer a tripulação a nos fazer chegar ao solo. Seria preciso, quem sabe, suborná-los. Eu não me sentia preparado para um lance tão emocionante. Corria o risco também de Michel se recusar a voltar ao navio. Eu já via manchetes nos jornais: Escritor Francês Decide Viver com os Pinguins. Ele não tinha dito em algum momento que preferia as vacas irlandesas ao convívio com parte da humanidade? Eu li isso. Pode ter sido maldade dos jornalistas. Vá saber!

Observei a introspecção de Michel. Havia realmente admiração em seus olhos quando fitava os pinguins. Disputamos espaço com os turistas para fazer fotos e boas tomadas com a filmadora. Michel nunca se mostrou impaciente ou de mau humor. Mantinha-se impassível. Convidou-nos a voltar para os nossos assentos e beber mais vinho. Pedimos uma segunda garrafa de Santa Julia. A garçonete riu para nós e perguntou orgulhosa:

— Não é riquíssimo tudo isso?

Michel adorou esse termo. Dali em diante o usaríamos a todo momento. Tudo se tornou "riquíssimo".

— Os brasileiros oscilam entre ser lobos-marinhos ou pinguins — eu arrisquei, depois que brindamos em homenagem aos animais, quer dizer, aos pinguins.

— Ah, bom! — exclamou Michel, com um sorriso zombeteiro cuja mensagem era mais do que evidente.

— Ainda não vi bichos parecidos com franceses por aqui — cutuquei. — Os lobos-marinhos e os pinguins não levam jeito para reclamar de coisa alguma.

— O que o Brasil tem para querer ser grande? — perguntou-me ele, mudando radicalmente de assunto.

— Tudo. Riquezas minerais, solos para todos os tipos de cultura, extensão territorial, clima e, agora, segundo o governo, petróleo em grande quantidade.

— Hummm...

— Seremos uma das potências do futuro, junto com a Rússia, a China e a Índia.

— Não estou convencido. O que o Brasil já inventou como tecnologia necessária ao mundo inteiro?

— Somos ricos em matérias necessárias aos consumidores do mundo inteiro e às suas tecnologias.

— Hummm... Um país que não produz conhecimentos e tecnologia de ponta não tem a menor chance de ser potência mundial. Por enquanto, vocês são fortes mesmo é em turismo sexual — provocou, espremendo-se numa risada.

— E no futebol.

— Ultimamente vocês só apanham da França.

— Ao menos, temos surrado a Argentina.

— Não em literatura.

— É, dou a mão à palmatória, em literatura os argentinos estão em ligeira vantagem.

— Ligeira? *Il n'y a pas photo!*

— Está bem, Michel, eles nos ganham, como se diz no turfe, de luz. Eu, por exemplo, adoro Roberto Arlt e Borges. Em contrapartida, os americanos levam o mesmo tipo de vantagem em relação aos franceses, dão de goleada em literatura — eu disse só para tentar me vingar.

— Quem, por exemplo?

— Sei lá, eu gosto de T.C. Boyle, Chuck Palahniuk, Nick Tosches, um pouco de Paul Auster...

— Eu prefiro Brett Easton Ellis — murmurou Michel.

— E na França?

— Hummm... Houve um tempo em que a grandeza de um país se via pelas figuras estampadas na moeda nacional.

— Agora vocês estão fodidos, meu velho. Nem moeda nacional vocês têm mais. No euro, não há heróis.

— Merda.

— Tu ainda falas em francos, Michel?

— Não, Cláudia, cada vez menos.

— Proust nunca figurou numa cédula francesa, Michel.

— Tivemos Chateaubriand, Victor Hugo, Molière, Racine, Voltaire, Corneille, Pascal, Montesquieu, Saint-Exupéry, enfim, muita gente de grande valor...

— Quem valia mais?

— Pascal, Molière e Victor Hugo valeram, em momentos diferentes, 500 francos. Voltaire só valia 10 francos. Não sei se críticos literários foram ouvidos...

— No Brasil, tivemos príncipes, princesa, militares e até alguns escritores, acho. Foram tantas as moedas que não consigo me lembrar. Sei que na França, durante a ocupação nazista, teve até o marechal Pétain.

— Boff!

— A literatura brasileira é quase tão forte quanto as nossas moedas, Michel. É, sem dúvida, um bom sistema de equivalência. Tu gostas de Pascal, não é mesmo?

— Hummm....

— No entanto, tu não acreditas em Deus e ele era um carola. Acho que poucos foram tão carolas quanto ele.

— É preciso ver a época em que viveu...

— Voltaire o resumiu como alguém que lançava eloquentemente injúrias contra o gênero humano.

— Hummm...

— É o que dizem de ti também, Michel.

Cláudia sorria. Parecia divertir-se muito. Michel Houellebecq resmungou uma resposta em vários tempos. Depois de muitas hesitações, escolheu a ponderação.

— Eu acredito que a humanidade pode ser melhor.

— Tu sabes o que Pascal dizia a esse respeito?

— Não me lembro.

— Se o homem se eleva, eu o rebaixo. Se ele se rebaixa, eu o elevo.

— Hummm...

— Eu vejo mais Voltaire e tu nesse papel.

— Voltaire era triste.

— O que tu achas do famoso argumento da aposta de Pascal sobre a existência de Deus? Segundo Pascal, só há duas possibilidades: ou Deus existe, ou Deus não existe. É como um jogo. Se eu aposto um e posso ganhar três, isso me mobiliza. Se posso ganhar mais ainda, certamente vou pensar em apostar. Se posso ganhar tudo e não perder nada, então, por que não apostaria? Se aposto na existência de Deus, ganho uma vida terrena de fidelidade, respeito, honestidade, humildade, amizade, caridade. Se ganho a aposta, Deus existindo, levo a vida eterna como recompensa extrema. Se Deus não existe, não se ganha a vida eterna, mas não se perde a boa vida terrena que se teve.

Em qualquer caso, ganha-se ao acreditar em Deus. As chances de ganhar são de 50%. Ao contrário, se o indivíduo não faz essa aposta na existência de Deus, sua vida será vazia e sem esperanças. A perda será imediata e a possibilidade de ganho não existirá.

Eu havia escrito uma crônica sobre esse assunto fazia pouco tempo e ainda era capaz de fazer um resumo aceitável. Michel Houellebecq me examinou com atenção.

— É um argumento interessante, pois ordena a vida. Só não prova a existência de Deus. Prova somente que com um deus a humanidade se organizou melhor e se impôs limites. A ciência vai substituir Deus com um resultado melhor. Quer dizer, sem os efeitos perversos da religião.

— Sem o fanatismo e as guerras de religião?

— Sim. Quem tem uma verdade revelada, pode matar por ela, sente que é sua missão impô-la aos outros.

— Chega a ser ingênua a tua crença na ciência, esse teu positivismo, esse teu comtismo tão estranho.

— Estranho? Os fatos me dão razão. Eu já te disse, a verdade sempre vence. É só uma questão de tempo.

— Na bandeira brasileira tem uma frase de Comte.

— Ordem e Progresso.

— Era amor, ordem e progresso. Os nossos positivistas, porém, acharam que não ficava bem a palavra amor no pavilhão nacional de uma república séria.

— Ela é bela, a bandeira brasileira...

— Um lobo-marinho não precisa de Deus, Michel.

— Não precisa de coisa alguma, o idiota.

— Mas também não pode experimentar a sensação de crer em algo maior, numa força, uma energia, seja lá o que for, extraordinária. — Eu falava como se fosse um crente ou um bicho-grilo desses que creem em pedras, energias e outras fantasias. — O lobo-marinho deve ter um lugar especial na evolução darwiniana. Passando a vida atirado no seu sofá de pedra, retém energia. É um exemplo de adaptação ao meio. Só lhe falta uma boa televisão.

— Humm... No futuro, como eu já expliquei outras vezes, uma religião compatível com a ciência e com a física quântica, baseada no altruísmo e na moral, organizará a vida dos homens. Haverá uma nova ontologia.

Então eu quis lhe falar de uma entrevista que ele dera ao seu amigo Fernando Arrabal. Ele já não me ouvia.

Algumas das suas declarações eram muito fortes na conversa sobre temas controvertidos com o dramaturgo espanhol: o fato de não ter tido desejo de vingança quando encontrou, nos Champs-Elysées, transformado em mendigo, o cara que o havia maltratado num banheiro quando ainda eram meninos; a mágoa com a mãe, Janine, e com o pai, René, que nunca o visitaram quando esteve internado em clínicas psiquiátricas e com os quais rompeu depois do sucesso de *Partículas elementares*. Dez anos sem ver o pai, dez sem ver a mãe, poucos comentários sobre a irmã... As crises da sua mulher Marie-Pierre — capaz de colocar fogo nas cortinas ou deixar Clément sem comida durante uma semana —, as noites passadas com ela em lugares para trocas de casal, não só pelo prazer dele, mas para gozo dela também. Ele não me escutava mais. Talvez sentisse falta de seu cachorro Clément. Talvez pensasse no comportamento e nas escolhas de sua mãe durante uma fase da vida. Pensaria ainda em Jacinthe, sua primeira mulher? Ou no filho Étienne? Flutuava.

— Tu ainda acreditas no amor, Michel?

Para Arrabal, ele respondera com tristeza: "O homem moderno, obcecado pelo trabalho, evita o amor." Diante de mim estava um escritor famoso e incompreendido, defensor do homem e acusado de anti-humanismo, provocador — propôs atacar o islamismo com minissaias — e carente, um idealista capaz de crer num governo mundial baseado na bondade e na fraternidade. Um exemplar fidedigno de maio de 1968 em guerra contra o espírito de 68. Um libertário mais para Kant do que para Nietzsche. Um paradoxo.

Talvez eu não tenha dito coisa alguma enquanto retornávamos, com a noite caindo, a Ushuaia pelo canal de Beagle. O vinho acabou. Michel, por vezes, fitava Cláudia com ternura. Outras, com um sorriso estranho. Estava ausente e, ao mesmo tempo, dominava a cena com o seu silêncio. Quando, porém, eu falei novamente em Deus, ele me repetiu baixinho o seu lema, o mesmo confessado a Fernando Arrabal:

— Não invoquemos seu Santo Nome em vão.

O *Ezequiel* atracou no porto. Descemos lentamente.

— Que passeio riquíssimo — definiu Cláudia.

11

Andamos pela Maipú com o vento chicoteando os nossos corpos anestesiados pelo vinho e pelo longo tempo sentados. Subimos para a rua principal de Ushuaia tagarelando sobre celebridades e contando piadas. Michel estava loquaz e divertido. A terra do fim do mundo exibia os seus letreiros em néon com a elegância de uma debutante de uma rica cidade provinciana. Numa casa noturna, situada numa ladeira, vimos cartazes anunciando um show erótico ou algo do gênero. Michel e Cláudia se interessaram imediatamente pelo assunto. Estava tudo fechado. Procuramos, sem êxito, alguma informação relevante sobre os horários do espetáculo. Não encontramos quem pudesse nos dar esperança. Resolvemos jantar e voltar mais tarde para tentar a sorte.

Tínhamos uma lista de restaurantes aconselhados pelos melhores guias, entre os quais La Rueda e La Estância, sem contar o nosso já conhecido Tia Elvira. Michel preferiu, contudo, cometer uma extravagância. Numa esquina da San Martín viu algo que lhe pareceu quase fantástico ou totalmente diferente: um restaurante self-service, El Arco-Íris. Ficou deslumbrado. Entramos para contentá-lo. Ele examinou os clientes e as comidas disponíveis com a curiosidade de um entomólogo. Aquilo tudo era deliciosamente turístico para ele. Ficou com o rosto iluminado, radiante de alegria, um menino num parque de diversões cheio de brinquedos esquisitos:

— Na Europa, isso é muito comum em empresas — justificou-se. — Sem dúvida, é muito prático.

Creio que escolheu um bom pedaço de cordeiro patagônico e salada. Não me lembro bem. Pedimos vinho. Ele me perguntou qual era meu critério de escolha:

— O nome, quanto mais sonoro ou poético, mais me agrada, e o preço. Escolho os mais caros dentro das minhas limitadas posses — respondi.

— É um critério de conhecedor — zombou.

A garçonete era simpática e bonitinha, *mignone* Puxamos conversa com ela. Queríamos saber onde era a festa. Ela estranhou os termos da pergunta. Depois, ao compreender, riu muito. Indicou-nos o Saint-Christopher.

— De hoje não passa, Michel — sentenciou Cláudia.

— Hummm...

Quando nos demos conta, já bem embalados, estávamos falando da vida, de arte, de sexo e de planos para o futuro. Não duvido que eu esteja misturando alguns trechos de nossa longa conversa do almoço. Sei apenas que eu disse a Michel com uma voz arrastada e alterada pelas péssimas condições da minha garganta inflamada:

— Tu ganhaste um milhão de euros para sair da Flammarion e ir para a Fayard. Que loucura! Dizem que cinquenta executivos da Fayard te receberam como uma estrela.

— Pura maledicência da mídia. Eles estavam em reunião e passei lá para dar um oi. Foi só isso.

— Tu és muito corajoso, Michel...

— Não...

— Tu rompeste publicamente com o poderoso Largardère no teu blog por ele não ter cumprido a promessa de financiar a tua adaptação de *A possibilidade de uma ilha* para o cinema. Eu li isso no teu blog. Tu disseste que nunca mais publicaria em editoras do grupo dele.

— Não houve ruptura. Foi só, digamos, um mal-entendido. Ele acabou dando dinheiro para o meu filme. Ficou tudo bem. Acho que ele comprou meu silêncio.

— Não, meu velho, tu bateste com o peru na mesa...

— Hein?

— Ninguém te aconselhou a ir devagar?

— Raphael Sorin, meu editor, tenta me segurar, às vezes, quanto ao que escrevo. Ele vive com medo de processos. É pior do que os advogados. Um dia, eu, que detesto telefonar, tive de ligar para ele a fim de garantir algo de que eu não queria abrir mão.

Esqueci de que se tratava. Perdi muitas coisas. Acho que ele falou em 600 mil euros de Largardère. Eu já estava confuso. Quis saber se ele era bom diretor. Não me lembrava da sua passagem pela escola de cinema. Lembro-me bem, entretanto, de que Michel se declarou muito à vontade num set de filmagem. Perfeitamente à vontade.

— Não tenho a menor dificuldade para dar ordens. Faço isso com elegância e sem levantar a voz. Sou muito organizado. Mantenho a calma e me saio muito bem. O mais difícil é suportar as intromissões dos produtores.

— Por que muitos críticos te odeiam, Michel?

— Não sei. É esquisito. Alguns acham que eu sou um tarado, quase um maníaco sexual, um obcecado. Na França, Jean-François Kahnn e Pierre Assouline me detestam. Eles têm horror de mim. Sou um monstro para eles.

Na manhã seguinte, na internet, li parte de um texto assassino de Assouline sobre Houellebecq. O resumo da crítica era fulminante: Michel Houellebecq acha que basta acrescentar "infernal" à palavra safadinha para parecer baudelariano. O restante do bombardeio, a respeito de *A possibilidade de uma ilha*, era rebarbativo e violento: pura arte vulgar da provocação. Nabokov chamado de "pseudopoeta medíocre... imitador de Joyce"; Hegel, um "grosso imbecil"; os árabes, "vermes de Alá"; os judeus, "piolhos circuncidados"; os cristãos libaneses, "piolhos da boceta de Maria"; as adolescentes, "safadinhas inocentes prontas para qualquer depravação". A grande contribuição de Michel Houellebecq para a literatura seria a revalorização do ponto e vírgula.

Em contrapartida, Laurent Neumann, editor-chefe da conceituada revista francesa *Marianne*, definira, antes do caso Materazzi, Michel Houellebecq como o "Zidane da literatura". Nada deve ter mudado, nesse sentido, depois da Copa do Mundo de 2006. Em nossa conversa no self-service da esquina, Michel permaneceu alegre e voraz.

— Philippe Sollers, talvez o maior dândi entre os escritores franceses celebrados em Paris, parece gostar de ti, apesar de o teu personagem Bruno, em *Partículas elementares*, o tratar como um comedor de velhas peruas, visto que as ninfetas preferem dar para cantores. Tu gostas de Sollers agora ou ele já faz parte do passado?

— Hummm... Ele é interessante.

— O que tu odeias mais quando falam dos teus livros?

— Que reduzam a minha obra à minha biografia.

— Sei como é. Na minha escala, tenho sofrido com isso. Quem se meteu mais na tua vida nesse sentido?

— Um jornalista estúpido chamado Denis Demonpion, que pretendeu ter escrito minha biografia não autorizada.

O sexo entrou na conversa naturalmente. Era o nosso eliminador de vácuo. Conseguíamos evitar silêncios maiores falando de literatura ou de sexo.

— O sexo é muito importante para ti, Michel?

— Claro.

— Tu o praticas com alta frequência?

— Agora, um pouco menos.

— Tu gostas de menininhas?

— Estou na crise dos 40.

— Eu escrevi um livro sobre isso, Michel. *Para homens na crise dos 40 e para mulheres interessadas em compreendê-los* — contei. Ele caiu na risada.

— Que conclusões tiraste?

— Há vários sintomas da chegada da crise dos 40. O interesse por garotas de 20 anos é um deles.

— Não. É o próprio fenômeno. Isso é a crise dos 40. Antes, eu nem pensava em garotas dessa idade.

— Elas podem ser interessantes, interessadas e interesseiras, Michel. É uma questão de análise combinatória. Em geral, as interessantes são interesseiras. E as interessadas não interessam.

— Sempre fui bom em matemática.

— Vocês são dois velhos tarados — zombou Cláudia.

— Um amigo me sugeriu um pseudônimo para eu usar nos meus livros mais radicais — eu lhe disse repentinamente. — Eu deveria assinar Michel Thomas.

Ele ficou rígido. Seu rosto perdeu a luz.

— É um bom nome — disse, enfim.

— Por que o trocaste por Houellebecq?

— Eu queria homenagear minha avó.

— Talvez um dia eu publique um livro de poemas sob o nome de Michel Thomas — insisti.

Michel Houellebecq mudou de assunto:

— Um dos autores que mais li na vida foi Stalin — disse, sem justificar tamanha guinada. — Conheço como poucos o estilo dele e de cor as suas ideias.

Pedimos a conta. A garçonete bonitinha nos confirmou o endereço do Saint-Christopher. Bastava descer para a Maipú. Eu ainda brinquei com ela:

— Não vais para a festa?

— Só muito tarde, com meus amigos.

— Que *chica* riquíssima — disse Michel, rindo.

Na rua, ventava e fazia frio. Nada de novo no fim do mundo. Subimos para conferir o show erótico. A casa continuava hermeticamente fechada. O Saint-Christopher era o nosso destino. Michel bocejava escancaradamente.

12

Ainda estávamos caminhando na Maipú, fustigados pelo vento austral, quando lhe perguntei, apenas para matar o tempo e aliviar o frio com o movimento das ideias, se morava na Irlanda ou na Espanha. Grunhiu a resposta:

— Na Irlanda e na Espanha.

— Vieste de Almeria para o Brasil.

— Passei lá para trocar de roupa. Estive na Alemanha e na Bélgica trabalhando no meu filme.

— Dizem que foste para a Irlanda fugindo dos altos impostos da França. O que fazes em Almeria?

— Gosto da Irlanda. Na Espanha, quase nunca vou à cidade de Almeria. Moro na praia. Em Vera.

— Estás casado com Marie-Pierre há muito tempo?

— Não me lembro mais. Uns quinze anos talvez.

— Estás feliz?

— Quero me divorciar.

Chegamos ao bar Saint-Christopher. Não estava longe do porto de onde havíamos partido para nosso passeio no canal de Beagle. Era perto da meia-noite. Michel arrastava os pés. Nós o puxávamos para a perdição. Queríamos vê-lo se acabar numa rave do fim do mundo, ou algo semelhante, ao menos próximo disso. Sabíamos que estávamos blefando ou queríamos, nós também, que a festa nos engolfasse num torvelinho patagônico e magalhânico. Não havia música ainda. Eu nos acalmei lembrando que até a meia-noite era só um restaurante sofisticado. Depois, teria música ao vivo. Por fim, viria a orgia total.

Fizemos o reconhecimento do local. As pessoas presentes, umas quarenta, todas dominicalmente vestidas, estavam sentadas em torno de uma única longa mesa. Falavam quase todas ao mesmo tempo e brindavam efusivamente. A cena lembrava algo conhecido. Estavam no meio de um jantar. Não era, porém, um jantar comum. Saladas e carnes aterrissavam a todo momento. Garotas de cabelo arrumado para festa, com tatuagens nos braços e bijuterias chamativas, e rapazes com ar esportivo, embora comportados, partilhavam o espaço com alguns homens e mulheres mais velhos de fisionomia gerencial. Predominava o que os franceses chamam de atmosfera *bon enfant*.

Sentamos de frente para essa mesa animada e ficamos observando aquela confraternização como se conhecêssemos o que significava. Michel parecia hipnotizado. Tentava livrar-se do casaco com muito esforço e paciência. Depois de deixá-lo sofrer um pouco, Cláudia o liberou carinhosamente, murmurando palavras do tipo "deixa que eu faço, vem cá, pobrezinho". Ele quis beber uma cerveja e um coquetel bizarro e esbranquiçado. Cláudia e eu pedimos um espumante nacional. Algumas das argentinas da mesa grande tinham seios fartos. Os homens tagarelavam sem avançar o sinal. Um sujeito careca fez um pequeno discurso. Todos ouviram. No começo, as palavras nos chegavam estranhas, aos pedaços. Em seguida, o mistério se desfez. Era uma comemoração de final de ano. Uma festa de empresa. Uma legítima reunião festiva de fim de ano entre funcionários, chefes, coleguinhas gostosas, namorados e tudo mais. Todo mundo se controlava para não dar vexame. Michel suspirou profundamente. Rimos.

— Vem aí o Natal — eu disse.

— Onde vais passar, Michel? — Cláudia perguntou.

— Em Paris. Vai ser sinistro.

— Com teu filho? — eu me atrevi a perguntar.

— Não, a gente se vê raramente.

Tratei de mudar de assunto. Falei das lindas argentinas diante de nós. Garanti que elas começariam a dançar pelas duas horas da manhã e aí valeria tudo.

— Se eu fosse bonito e jovem, mas não sou, sei que poderia conseguir uma delas — resmungou Michel.

— Até mais de uma, meu velho.

— O problema é que não sou jovem nem bonito...

— O sexo é um sistema de hierarquia social, não?

Ele impostou a voz para dizer comicamente:

— É a mim que diz isso, hein, caro senhor?

— Aprendi isso num livro chamado *Extensão do domínio da luta*, de um autor francês radical e irônico.

— Hummm...

— Tu és rico e famoso, Michel.

— Elas não sabem disso.

Eu tinha um amigo, cuja morte não consigo esquecer, quc dizia que depois dos 40 anos só pagando.

— Sim, pode ser uma boa ideia. Onde?

— Ainda temos capital de sedução para gastar, cara.

— Ah, bom!

— O Sarkozy não está com a gostosa da Carla Bruni?

— Ele é presidente da República.

— A Cecília o chutou mesmo assim.

— Ela sempre foi uma idiota.

— O que esperar de uma figurante de televisão que se casou com uma sumidade intelectual como Jacques Martin, o apresentador de televisão mais idiota da França?

— Hummm... Foi o próprio Sarkozy, como prefeito de Neuilly, quem casou os dois...

— Casou os dois e, na mesma hora, pôs o olho nela...

— Eueh!

— Acabou levando chifres.

— Hummm.

— Todo dia, para quem pode, é o do caçador...

— Hummm... Não tenho mais energia para caçar.

Quando Cláudia e eu terminamos nossa segunda taça de espumante, ainda imaginando como a festa da empresa poderia se tornar uma rave ou uma boa pista de bate-estaca, na falta de um funk fodido com muitas cachorras, Michel já estava dormindo sobre a mesa, a cabeça apoiada nos braços, candidamente recolhido ao sono. Pedimos um táxi. Saímos sem coragem de carregar a garrafa. Ushuaia estava úmida e brilhosa. A noite era uma criança argentina. Nós éramos dois velhos brasileiros e um francês. Levamos Michel para casa. Subimos para o nosso andar como bons amigos. Ao sair do elevador, eu disse:

— Até amanhã, então, Michel. Boa-noite. Descansa os ossos. Foi uma noite riquíssima, cara.

Ele ficou nos observando abrir a porta do quarto. Deu um passo hesitante para frente. Acenei para ele.

— Ele já estava vindo para cá — disse Cláudia, nervosa, excitada, quando eu fechei a porta.

— Cachorra!

Rimos. Era o que mais fazíamos em nossa viagem com Michel Houellebecq ao fim do mundo, essa Terra do Fogo.

13

No domingo, nosso pedaço da Terra do Fogo amanheceu coberto de neve. Vimos, da janela do quarto, os flocos caindo e a baía toda esbranquiçada. Percebidos do alto, os barcos atracados ao longe eram realmente como fantasmas recortados sobre um fundo de Natal europeu. Para mim, Natal com neve é sempre europeu. Recordações certamente de um Natal passado nas montanhas do Jura. O algodão se acumulava sobre os galhos das árvores formando camadas de uma brancura doce. Cláudia, com sua generosa alegria habitual, ficou muito feliz. Era como se a natureza a brindasse com um presente inesperado. Michel resolveu ficar no quarto. Cláudia e eu gravamos um boletim para a televisão, que não cheguei a enviar pela internet, e fomos visitar sozinhos o antigo presídio de Ushuaia. Nosso amigo escritor não quis de modo algum participar dessa expedição ao museu, situado no prédio melancólico da terrível prisão onde, até um passado não muito distante, metade do século XX, os criminosos mais perigosos da Argentina terminavam os seus dias.

Descemos do táxi na frente do museu sob uma forte queda de flocos de neve. Cláudia não se conteve:

— Como é riquíssima esta neve — gritou, feliz da vida, amassando bolas enormes para jogar em mim.

Cada cela apresentava a história de um preso. Aquilo me pegou como um alucinógeno. Eu me sentia, apesar de cercado por turistas com suas máquinas digitais e suas camisetas com estampas do Mickey ou da Britney Spears, entrando nas páginas vivas de um romance intemporal de Dostoievski. Apenas os nomes dos presos já me abriam veredas no imaginário: Sacomano; Os irmãos Bonelli; El Mejicano; Carlos Gardel (?); o anarquista Simon Radovitsky (apenado 155); Juan Bernales; Ladrón de Guevara; Mateo Banks, "El místico"; Santos Godino, prisioneiro nº 90, o "Petiço Orelhudo"; o escritor Ricardo Rojas, prisioneiro político, que escreveu na prisão de Ushuaia uma *História da Literatura Argentina*, descrita pelo sempre impiedoso e preciso Jorge Luís Borges como mais extensa do que toda a literatura argentina, certamente pelo tempo livre do autor.

Cayetano Santos Godino, o Petiço Orelhudo, segundo o livro-guia de Carlos Pedro Vairo, que comprei logo depois de visitar o presídio de Ushuaia, começou sua carreira de assassino no início do século XX, em Buenos Aires. Matou várias crianças. Era a sua especialidade. Ao ser preso, explicou suas motivações: "Muitas manhãs, depois de ouvir sermões de meu pai e dos meus irmãos, eu saía para procurar trabalho, mas como não encontrava, sentia vontade de matar alguém. Se achava uma criança, levava para algum lugar e estrangulava." Enviado para um manicômio, atentou contra pacientes. Foi enviado para Ushuaia em 1915, onde aprendeu a ler e a escrever o bastante para enviar cartas aos familiares, que, a partir de 1933, não responderam mais. Uma informação me chamou muito a atenção: em 4 de novembro de 1927 foi operado das "orelhas aladas", pois se acreditava que toda a sua maldade provinha delas. É uma hipótese, sem dúvida alguma, a ser explorada ainda. Prova o quanto a ciência já foi mais ousada do que hoje. Godino morreu em 15 de novembro de 1944. Teria sofrido uma hemorragia interna depois de levar uma surra de outros detentos por ter jogado um gato na lareira. O bicho preferia o gelo.

Quase todas as histórias dos presidiários de Ushuaia são romanescas. Herns, o esquartejador que jogou os restos da vítima no lago de Palermo, passou a vida no cárcere trabalhando como açougueiro. Era um filósofo intuitivo. Sustentava que o importante é não se deixar dominar pelas emoções. Afinal, tudo estaria escrito antecipadamente. Não se dava, por isso mesmo, o trabalho de fugir. Carlos Gardel teria cumprido pena na Terra do Fogo devido a um rolo envolvendo política e mulheres, não necessariamente nesta ordem, antes de começar sua mítica carreira artística. Não há a menor prova disso, o que torna a história, aos olhos de muitos estudiosos, extremamente provável. Simón Radovitsky, apenado nº 155, era um anarquista de origem russa que matou o chefe da polícia, o comissário Falcão, e o assessor dele, fazendo explodir uma bomba dentro do carro do policial.

Radovitsky virou herói dos anarquistas e chegou a fugir com a ajuda de um certo Rispoli, conhecido como o "último pirata de Beagle", mas foi recapturado. Um jornalista o entrevistou na prisão em 1930. Eu teria adorado fazer isso. Acabou saindo da prisão, graças a um indulto do presidente Irogoyen, sendo obrigado a deixar o país. Passou pelo Uruguai, lutou na Guerra Civil Espanhola e morreu, em 1956, no México. Teve, enfim, o que se pode chamar de uma vida movimentada. Já Mateo Banks, o "místico", de origem irlandesa, foi um precursor dos serial killers. Matou oito pessoas — três irmãos, uma cunhada, duas sobrinhas e dois peões —, num lugar chamado Paris, em Azul, na província de Buenos Aires. Que belos nomes para uma tragédia! Curiosamente era dono de duas estâncias, uma delas chamada La Buena Suerte, onde praticou alguns dos crimes. Sempre jurou inocência.

A um jornalista, Mateo Banks declarou que Deus sabia da sua inocência. Dialogava com o Criador. Em todo caso, para que a humanidade também viesse a ter consciência da injustiça cometida com ele, escreveu suas memórias; 1.200 páginas, que só poderiam ser publicadas depois da sua morte. Esperava que aparecesse um Zola argentino para defendê-lo. "Sou inocente como Dreyfus. Deus sabe disso. Também tive a minha Ilha do Diabo", disse. Um magnífico impostor, um contador de histórias de um cinismo fantástico, um mestre em espalhar pistas falsas, embora inverossímeis, sobre seu passado hediondo. Não menos místico, ou cínico, era Ladrón de Guevara, assassino da esposa e dos filhos, que, na prisão, se tornou religioso e muito esquecido. Questionado sobre seu passado criminoso, respondia candidamente: "Tudo isso é coisa de outra vida, de uma vida passada, de uma vida morta."

De 1884, quando chegaram os primeiros condenados, até 1947, quando foi fechado, o presídio de Ushuaia manteve-se como uma fortaleza triste açoitada pelos ventos gelados da Terra do Fogo. Os prisioneiros sentiam frio. A principal condenação era certamente essa: atravessar a vida com a alma e os ossos gelados. Eles preferiam o trabalho pesado e insano a permanecer tremendo nas celas num mundo sem fim. Numa dessas peças, folheando o livro recém-comprado, eu fazia associações estapafúrdias. Claro que me imaginava prisioneiro naquele lugar horrível, tiritando de frio, clamando inocência, misturando nomes, Azul, Palomas, Paris, Ushuaia, tudo, enfim, numa rede de ligações improváveis, porém, ao alcance da mão, unidas pelo absurdo do crime.

Ali, na cela de Ricardo Rojas, comecei a pensar com ternura em Michel Houellebecq. Que personagem estranho! Ao mesmo tempo, se me entendem, doce e agressivo, cruel e profundamente sensível, impiedoso e vulnerável, um gênio da ironia e da provocação. Eu o admiro muito. Sua força literária vem do fato de fazer literatura com pouquíssima literatura. Nunca sei se os seus personagens refletem seu pensamento e narram sua vida ou se conseguem nos despistar, confundir e chocar a partir de uma intrincada mescla de verdadeiro e de falso, de autobiografia e de ficção, mágoa e altivez. Pensei nas suas internações em clínicas psiquiátricas, chegando a achar que nunca existiram, nos familiares que nunca foram visitá-lo, no desinteresse precoce dos pais por ele, negado por René e Lucie, na sua relação umbilical com a avó comunista, na vida que levara num internato, no seu profundo interesse pelo sexo, pelas mulheres, pelo amor, pela vida. Que coisa maluca, do nada ao tudo, sem deixar de ser nada, tendo alcançado tudo que quase todos buscam.

Poucas vezes eu encontrara um homem tão respeitoso, preferindo calar-se a nos ferir com sua forte ironia. Raras vezes eu encontrara um francês tão paciente. Reclamou do tempo que deveria esperar no aeroporto de São Paulo, quando retornasse à Europa, cerca de dez horas, e do horário em que deveria pegar o avião em Santiago do Chile, que o obrigaria a madrugar, mas não se irritou, aceitando com uma resignação antecipada a possibilidade de que nada mudasse. Fazia turismo conosco sem perguntar o programa, tentando divertir-se com tudo o que lhe oferecíamos. Sua única recusa fora a de visitar o museu do presídio com a gente. Temeria seus fantasmas? Como se diz popularmente, olhando assim não se dá nada por ele. No fundo, parece mais um pobre coitado, acabrunhado, taciturno, deprimido, introvertido ao extremo, doentio.

Puro engano! Não que tudo isso possa ser negado categoricamente, mas sua inteligência, sua sensibilidade e seu trato afável impõem-se como uma contraverdade poderosa. Não pude deixar de imaginá-lo escrevendo a história da literatura francesa numa daquelas celas do presídio de Ushuaia, ao som de Leonard Cohen, com longos capítulos para Baudelaire, Balzac, Céline, Proust... Imaginei a violência de suas críticas e a beleza de seus elogios sob a influência da solidão, do vento da Patagônia, da ideia de estar no fim do mundo. Sem qualquer originalidade, assim como digo, eu o imaginei como um cão, sequer um lobo, um cão triste e magro, errando pelo deserto gelado da Terra do Fogo.

Quando saímos do presídio de Ushuaia nevava forte. Não tínhamos, porém, mais ânimo para brincar. A cidade parecia uma ilustração de si mesma feita com traços rápidos e escuros. Apertei forte a mão de Cláudia e avançamos pelas ruas desertas a passo de ganso. Chegamos congelados ao restaurante El Bodegón Fueguino. Por alguns instantes, ficamos parados na entrada sem saber o que fazer. Em seguida, a atmosfera quente e familiar do lugar nos envolveu suavemente. Crianças esbarravam nas mesas. Bebês choravam a plenos pulmões. Pais se agitavam. A calefação funcionava a mil. Ataquei mais um cordeiro patagônico para me fortalecer. Bebemos uma garrafa de Terrazas Malbec para esquecer os presos da Terra do Fogo e suas desventuras naquela terra de fim de mundo.

14

Ao voltarmos da visita à prisão de Ushuaia, liguei para o quarto de Michel. Ele atendeu prontamente.

— Não vais almoçar, Michel?

— Comi algo por aqui mesmo.

— Que ficaste fazendo?

— Trabalhando. Resolvi escrever um pouco.

— Conseguiste conexão da internet sem fio no quarto?

— Sim, funcionou bem.

— Que achas de gravarmos uma conversa inteligente com a filmadora da Cláudia? — perguntei-lhe à queima-roupa.

— Não, não é uma ideia ruim. Vamos lá.

— Então, te esperamos na recepção.

Eu gostaria de gravar com a baía de Ushuaia ao fundo. As árvores ainda estavam cobertas de neve.

Ficaria lindo. Como sempre, esbarrei na oposição da luz. É algo que me deixa indignado. A tecnologia é idiota e falha. Só profissionais conseguem filmar com os melhores fundos, os rios, o mar, as vistas das janelas. Tivemos de fazer o contrário. Colocar a câmera de costas para o belo. As primeiras imagens são ridículas. Eu apareço com minha manta vermelha no pescoço, o braço duro segurando o microfone, sentado ao lado de Michel, os dois no mesmo quadro. Ele parece incrivelmente entediado ou apático. O diálogo, no entanto, começou com humor e risadas.

— Por que vir à Patagônia? — ataquei.

— Tu chamas isso de conversa inteligente? Foi o que encontraste de melhor? — ele contra-atacou.

— Começamos mal — eu disse, sem rancor.

Rimos. Havia cumplicidade em nossos risos. Cláudia estava nervosa e me olhava apavorada por cima da câmera.

— É mítico entre os franceses. Não sei por que, de resto, todo esse mito impressionante que faz com que tantos franceses queiram vir à Patagônia.

A conversa que transcrevo aqui, apesar de copiada da gravação, tem seu ritmo próprio. Cortei as hesitações, os longos silêncios, as articulações fora de ordem. Tentei ser fiel ao "real". O real é sempre imaginário.

— Tu havias sonhado com a Patagônia na juventude ou na infância? — perguntei com o braço espichado.

— Ah, certamente, isso me lembra algo, mas não sou suficientemente velho para ter lembranças da juventude. Enfim, a Patagônia, os pinguins, tudo isso são certamente recordações subliminares...

Começamos ali mais uma das nossas "*conversations animalières*", em caráter oficial, para a posteridade.

— Justamente, qual é a importância dos pinguins na tua vida? — consegui perguntar sem rir.

— Bem, eu os vi ontem pela primeira vez e não me decepcionei. São animais que todo mundo acha simpáticos porque eles são frágeis com suas pequenas asas, a barriga grande, as penas. Penso que se os pinguins fossem mortos como as focas haveria reações muito mais fortes. Eles provocam simpatia por serem meio desajeitados, pela maneira de andar. Além disso, passam a imagem de uma comunidade estruturada, se é verdade ou não, não tenho como saber, num ambiente hostil, frio, o que só aumenta minha simpatia pelos pinguins.

— Tu te interessas muito pelos animais?

— Ah, sim. O gênero fábula continua válido. Isso me dá parâmetros para julgar a humanidade.

— Tu já escreveste sobre outros animais, nunca, porém, sobre os pinguins.

— Huumm... Isso certamente virá. Na realidade, vi uma ou duas imagens de pinguins aos 6 anos de idade com alguns pequenos comentários. O pinguim, nesse sentido, me marcou menos que o chimpanzé, que vi em zoológicos. É preciso um contato direto com o animal para que isso fique. Não sei por que o fato de ver muito animais na televisão não basta...

— É preciso vê-los diretamente?

— Sim, acho que isso permite uma espécie de identificação. Não creio que seja possível escrever a partir somente do que é visto na televisão. É necessário um contato direto, experimentar por si mesmo. Temos de viver para encontrar pessoas de verdade...

— Em contrapartida, tu não gostaste, sei lá, das focas, ou lobos-marinhos, ou talvez elefantes-marinhos?

— Não, não eram elefantes. Desses eu vi imagens, eles são enormes, medem em torno de 7 metros. O que vimos foram lobos-marinhos, que me passaram uma péssima impressão. São animais de baixo nível.

— O que significa isso?

Eu já sabia a resposta. Era uma conversa repetida, como se antes, a bordo do *Ezequiel*, tivéssemos feito um ensaio. Mesmo assim, em nome dos meus futuros telespectadores, pois eu pretendia passar a entrevista no meu programa, *Livro Aberto*, na televisão universitária, eu seguia o roteiro escolarmente.

— Não sei, um animal que não honra a criação, cuja existência não parece necessária — foi a resposta de Michel. — Eles têm um ar estúpido e ruim. Eu te vejo sorrir. Estou dizendo algo ridículo?

— Não, de maneira alguma, é muito interessante, inusitado, diferente... Não é todos os dias que se encontra um escritor com tanta coisa a dizer sobre os pinguins — eu me ouvia dizer com a maior cara de pau.

— Também não é todo o dia que um escritor tem a oportunidade de encontrar um animal pela primeira vez na vida. A serpente também me impressionou bastante, quando pude ver uma — era a resposta perfeita de Michel.

— No livro *Extensão do domínio da luta* tu escreveste bestiários ou ficções animais. O pinguim poderá figurar em algum novo bestiário escrito por ti?

— Ah, isso poderá acontecer. Promete. Tem um bestiário que eu não terminei, não entrou em *Extensão do domínio da luta*, um semibestiário, um diálogo entre um verme e um jornalista — ele disse. Estaria me gozando? Ou estaria nos gozando? Era hilariante para nós dois. — Um pinguim... Eu vi aqui coelhos também. Eu já tinha visto coelhos antes. Na Irlanda os coelhos são, em geral, animais domésticos. Na França, comemos coelhos. A gente os cria em gaiolas para comê-los.

— Tu és a favor, tu comes também?

— Hum... Se o meu nível moral se elevasse um pouco, o que ainda pode acontecer, eu desistiria de comer coelhos — disse ele, num dos momentos apoteóticos da conversa, quase uma apologia de uma moral superior.

— Em contrapartida, nada tens contra comer ovelhas?

— Não. Eu conheço bem as ovelhas. Há muitas na Irlanda. É um animal estúpido, realmente estúpido, não passa de carne embaixo de uma pele. É um bicho, além disso, pouco simpático. Comer ovelhas, nenhum problema.

— Eu tenho a impressão de que os animais te inspiram bem mais que a humanidade ou que tens mais afeição por eles do que pelos homens...

— Ah, não, não, eu não tenho afeto algum pelo lobo-marinho. O homem é de qualquer maneira um animal. É interessante conhecer outros animais. Facilita as comparações. Isso permite situar o homem, relativizá-lo.

— Por que, realmente, tu querias vir à Patagônia? — insisti, seriamente. — Pela solidão, pela natureza, pelos animais, para escrever alguma coisa?

Foi aí que ele falou sobre como no imaginário dos franceses a Patagônia representa o mais distante possível, ainda que a Nova Zelândia seja mais longe.

— Isso te faz pensar no sentido da vida, essa solidão, o deserto? — continuei a filosofar.

— Não, é antes de tudo geográfico, brutalmente geográfico. Em termos dramáticos, ir à Patagônia dá a impressão de que não se tem mais lugar algum aonde ir, pois o deserto eu já vi, ainda mais deserto do que aqui. A Patagônia significa ter dado a volta em tudo.

— Percorrer a estrada Pan-Americana, que vai de Ushuaia ao Alasca, passando por um grande número de países latino-americanos, salvo o Brasil, não te parece que seria uma maneira de ir muito longe?

— Percorrer a estrada inteira?

— Sim.

— Não parece muito interessante. Pode ser uma estrada mítica para os latino-americanos, não para os franceses. Cendrars fixou nesse sentido os mitos principais da França: a Patagônia e o Transiberiano.

— Tornar-se um escritor não é também um mito francês? Por que tu te tornaste escritor?

— Não, na minha juventude não era um mito acessível. Não é uma questão de juventude para mim. No meu meio social isso não era um mito normal. Então não dá para dizer que pensei no status de escritor antes de me tornar um. Isso só podia ser um sonho em meios mais educados que o meu. Isso não aparecia muito na tevê. Seria lógico ter a ambição de ser cantor ou jogador de futebol. Escritor era algo para classes sociais mais altas. Portanto nunca foi um sonho meu.

Tivemos de parar por falta de bateria. Quando recomeçamos, já estávamos em outra posição, sem continuidade. Eu pretendia cobrir essas partes com belas imagens de Michel na Patagônia. Foi aí que falamos dos reis da Patagônia e da monarquia. Valeu como uma pausa para chegar ao essencial, o homem e a sua obra.

— Dizem que tu semeias — eu li isso em algum lugar — pistas falsas a respeito da tua biografia. É verdade?

— Não. Ao menos não tenho essa intenção. Eu respondo, simplesmente. É como quando as pessoas me perguntam quem eu sou realmente. É uma questão estranha. A gente nada sabe sobre isso.

— Aí está uma boa questão. Quem tu és realmente?

— Não, não, eu acabo de dizer que é uma má questão. É um pouco como as opiniões, o que se pensa realmente...

— Nada sei sobre ti. Eu li teus livros, que são muito interessantes. Sobre ti eu nada sei, nada, nada...

— Os meus livros são muito interessantes?

— Tu não achas?

— Sim, sim. Quer dizer, não sei, eu não os leio. Talvez eu também seja muito interessante. Certamente. Existe uma relação bastante direta.

— Vamos recomeçar. Eu fui teu tradutor no Brasil. Talvez venha a ser um dia o teu biógrafo...

— Não.

— Não, tu recusas?

— Sim. Não, quer dizer, talvez, desde que eu já esteja morto. Tu és apenas um pouco mais jovem do que eu, não vais estar muito em forma quando eu já tiver morrido. Não sei se eu daria uma boa biografia.

— Eu já escrevi uma biografia. Por que não a tua? Alguém terá de fazer isso.

— Isso certamente será feito. Não sei, contudo, se uma biografia ensina alguma coisa.

— Sim, sim. Eu sou curioso. Por que tu nasceste na Ilha de La Réunion. O que os teus pais faziam lá?

— Acho que foi uma ideia da minha mãe, que desejava viver num país tropical para poder tomar banho de mar todo o tempo. Ela nasceu na Argélia, que já é um país bastante quente. Acho que na Réunion é um pouco como no Brasil, tem gente que não faz grande coisa, vão à praia... Tomam banho de sol, comem frutas. Enfim, minha mãe queria uma vida desse tipo. Era uma preguiçosa, ora.

— A tua mãe era argelina?

— Ela era francesa... Na época, a Argélia era colônia da França... — precisou, rindo abertamente de mim.

— O.k., claro, obviamente — gaguejei. — Francesa nascida na Argélia. E o teu pai?

— Meu pai nasceu em Cherbourg. É muito menos ensolarado. Então eles foram para La Réunion para viver numa boa. Na época, os franceses tinham dinheiro. Podia-se ganhar bem morando num país quente.

— O que eles faziam lá?

— Minha mãe é médica. Acho que ela não fazia nada.

— E teu pai trabalhava em quê?

— Ele não trabalhava — disse, rindo muito. — Bem, eles deviam transar, visto que eu existo...

— Tens irmãos? — perguntei, sabendo a resposta, tudo para bem informar meus telespectadores.

— Não desse par. Uma meia-irmã. Em resumo, eles foram para a França do além-mar em busca de uma vida confortável nos trópicos.

No intervalo seguinte, como eu insistia para ter detalhes da sua relação com os pais, Michel pedira-me com certa candura ou enfado: "Não vamos falar disso." Eu pensava em Blaise Cendrars, citado por Michel, viajando, em 1924, ao Brasil, onde ficara amigo dos modernistas. Eu pensava nos seus livros *Folhas de viagem*, ilustrado por Tarsila do Amaral, e também em *O fim do mundo filmado pelo anjo ND*. Estávamos no fim do mundo. Será que Michel também fazia associações desse tipo enquanto falava? Seria Cláudia o anjo filmando o fim do mundo? Ou seria Michel o anjo filmado no fim do mundo? Eu pensava nos versos de Cendrars e na sua mão direita decepada: "Quando tu amas é preciso partir/ Deixa tua mulher deixa teu filho/ Deixa teu amigo deixa tua amiga/ Deixa tua amante deixa teu amante/ Quando tu amas é preciso partir." Teria a mãe de Michel lido Cendrars?

— Tenho certeza de que todo mundo quer saber isso. Os teus livros são autobiográficos?

— Não, em geral, não. Se eu comparo aquilo de que consigo me lembrar com páginas dos meus livros, não encontro muita coisa em comum. É quase tudo falso, adulterado. Às vezes, não resta semelhança alguma. Mesmo quando existem semelhanças, é de tal modo adulterado que é quase o contrário.

— Tu me disseste que levas mais de um ano para escrever um livro e que escreves três horas por dia.

— Sim, eu sou lento, sou um autor lento. Está bem assim, pois eu faço bons livros.

— Tu escreves por quê? Para fazer sucesso, para ganhar dinheiro, por acreditar na literatura, enfim, por que escrever? — lá estava eu perguntando de novo.

— Porque eu gosto de livros. Parece-me positivo escrever. Eu gosto do resultado. Mas também para fazer sucesso. Quando os leitores dizem que gostam dos meus livros isso faz bem à minha vaidade. Eu fico contente.

— Creio que existem três tipos de opinião sobre ti. Há quem te considere o maior escritor da literatura francesa contemporânea, há quem te ache um reacionário...

— Não é incompatível ser um grande escritor e um reacionário...

— Então, tu confirmas?

— Eu não confirmo nada. Continua.

— Enfim, há quem diga que tu escreveste um grande livro...

— Qual?

— *Partículas elementares*... E que tu precisas agora encontrar um novo assunto.

— Acho que tudo isso é verdade.

— Tu és reacionário?

— Não exatamente, digamos conservador. Eu não gosto que se mude aquilo que está funcionando bem. Reacionário é alguém que crê que se pode voltar para trás, mas isso não acontece nunca na vida. Aquilo que morreu, morreu. Eu não sei se *Partículas* é o meu melhor livro.

— Tu não acreditas nisso?

— Não sei. O que tu achas?

— Acho que... Não sei. Eu gosto de todos os teus livros. Gosto muito de *Extensão do domínio da luta*. E tu, de qual tu gostas mais?

— Não sei.

— Os escritores não gostam de escolher. Tenho certeza de que tens, entre teus quatro romances, um preferido...

— Há poemas também...

— Qual dos teus livros é mais bem acabado?

— Eu acho honestamente que é *A possibilidade de uma ilha*... Não sei se a minha opinião é importante.

— Tu te consideras um grande escritor?

— Não sei.

— Sabes. Tu não és modesto.

— Não, mas tudo isso é relativo. Para falar disso é preciso um termo de comparação.

— Céline, por exemplo.

— Ah, acho que sou melhor do que ele.

— Eu também acho. E em relação a Albert Camus?

— Não li tudo de Camus. Ele é bom. No fundo, não é muito importante ser o melhor. As pessoas não leem alguém por ser o melhor, mas por ser o único num gênero.

— Tu és o único no teu gênero?

— Sim. No fundo, é por isso que se escreve, não para ser o melhor, mas para acrescentar algo. A gente se diz que se não o fizer, ninguém o fará.

— Tu decidiste agora fazer cinema. É para tentar atingir um público maior?

— Não. Eu já tenho um público grande. Não, é pela mesma razão. Se eu não fizesse esse filme, ninguém o faria.

— Falemos de coisas muito sérias. Tu acreditas na felicidade?

— Sim, isso existe. Eu já vi isso.

— Em *Partículas*... tu dizes que só o amor importa. Eu não te vejo como alguém tão romântico assim.

— Engano teu. Eu sou muito romântico.

— Tu te apaixonaste muitas vezes?

— Com frequência.

— Tu acreditas no amor romântico, na fidelidade...

— Eu acredito em tudo... Isso existe.

— Não passas essa impressão aos teus leitores. Eles imaginam que tu não crês em coisa alguma.

— Sim, mas... Ah, bom!?

— Tu não achas? Isso te surpreende?

— Um pouco...

— Tu és visto como um niilista nos teus livros.

— Não, eu não acho.

— Os teus personagens são errantes, meio perdidos, fracassados.

— Ah, bom!?

— Tu não achas?

— Enfim... Isso não quer dizer que eu não sou romântico. Sem dúvida, eu descrevo, em geral, fracassados. Sempre existe algo em relação a que eles fracassem. Não se pode dizer que lhes falte uma ideia da felicidade. Nos meus livros não há personagens sem um objetivo aceitável.

— Certo, mas mesmo teu personagem mais bem-sucedido, o cientista de *Partículas...*, que tem êxito profissional, é um fracassado em termos emocionais.

— Sim, enfim, ele tem a ideia do que seria preciso alcançar. Não é o que se chama de niilista. Um niilista é alguém que não crê em possibilidade alguma.

— Eu já li que tu és o escritor mais niilista da literatura francesa contemporânea.

— É um pouco irritante isso, pois se dá a essa palavra um sentido exagerado. No começo, os niilistas colocavam bombas, na Rússia, provocavam o caos...

— Tu colocas bombas e provocas o caos...

— Não.

— Sim.

— Não acho.

— Os teus livros são bombas e tu semeaste a confusão na cultura francesa... como um terremoto.

— Sim, mas tenho um efeito positivo, construtor.

— Qual?

— Sei lá, fiz discípulos, desempenhei o papel de um reconstrutor. Eu nada destruí daquilo que já não tivesse deixado de existir. É chocante que me digam isso, pois em muitos países eu sou visto como um fator de renascimento da literatura francesa, alguém que fez surgir algo novo, nada a ver com um niilista.

— Concordo, tu és o renascimento da literatura francesa, que estava morta e enterrada. Estás sozinho.

— Bem, talvez, mas não posso ser rotulado de niilista.

— Isso te irrita?

— Sim, pois, francamente, isso não se aplica a mim.

— Deixemos de lado o niilista. Se eu te disser alguns nomes, visto que tu és bom em fórmulas precisas e rápidas, o que tu me respondes? Comecemos pela escritora Christine Angot.

— Isso já foi feito, Frédéric Beigbeder, na sua longa carreira literária, fez a melhor coisa sobre ela, um haikai: Christine Angot faz lego com o seu ego.

— Tenho a impressão de que Beigbeder é o único escritor de quem tu gostas realmente.

— Eu gosto dele como pessoa. Quanto aos seus livros, isso depende. Ele é gentil.

— Teu amigo?

— Sim.

— Catherine Millet?

— Ah, ela é um pouco a autora de um único livro, mas que é extraordinário, *A vida sexual de Catherine M.* é um clássico, tem um conteúdo impressionante com um estilo muito próximo do francês clássico, elaborado, elegante. É um bom livro que merece o seu sucesso.

— Diz-se que é pornografia?

— É indiscutivelmente pornográfico. A pornografia faz parte dos assuntos possíveis, muitas vezes mal aproveitada. No caso de Catherine Millet, não. É um livro surpreendente, que passa uma forte impressão de clareza, bem escrito, é um livro novo. Há pouca gente com uma vida sexual como a de Catherine Millet. Se ela não tivesse escrito esse livro, ninguém o faria. É importante. Não é uma questão de melhor, isso não é importante, as coisas ficam pela originalidade e por serem perfeitas na sua expressão para criar referências definitivas.

— Um último nome: Maurice Dantec.

— Esse é um caso mais doloroso, pois, mesmo sendo muito bom, ele se torna, às vezes, prolixo, verboso. Quando é muito bom, porém, aí é muito bom mesmo.

— Por exemplo...

— Acho que até agora o que ele fez de melhor, embora *Raízes do mal* seja muito bom, foi *O teatro das operações*...

— Tu o conheces, é teu amigo?

— Sim. Não nos vemos com frequência, pois ele mora no Canadá, mas é um bom autor, que merece ser acompanhado. Só que de vez em quando... Não sei por que critico. Ele tem defeitos que ocupam muitas páginas...

— Qual é o principal defeito dele?

— De tempos em tempos ele se torna completamente verboso. São defeitos de estilo. Beigbeder também tem defeitos, ele não consegue deixar de fazer trocadilhos, o que me irrita...

— É coisa de publicitário...

— São defeitos curtos. Bastaria cortar os trocadilhos e ficaria bom, mas em Dantec isso ocupa páginas e páginas. É um pouco como Victor Hugo. Ele escreve com facilidade, mas de vez em quando há páginas inteiras ocas. Precisaria cortar mais. São autores de quem eu gosto. Critico sem maldade.

— E as novas escritoras, Amélie Nothomb, Marie Darrieussecq...

— Eu não as conheço bem. Eu gosto de Lydie Salvayre, que não é conhecida fora da França.

— Tu sofreste por não ganhar o Prix Goncourt?

— Sofrer, não. Eu me recuperei rapidamente. É uma honraria importante na vida literária francesa e isso teria agradado ao meu editor. Muitos jurados estavam inteiramente do meu lado e eu não ganhar significou um fracasso para eles também. Eu o merecia amplamente. Teria sido mais harmonioso se eu tivesse ganhado.

— Tu frequentas o meio literário apesar da tua fama de tímido e de retraído?

— Muitos escritores são assim. Eu já fui bastante integrado. A verdade é que tenho uma tendência à misantropia que se manifesta cada vez mais com a idade.

— De que tu tens medo? Da morte?

— Não. Nenhum. Tenho medo do que acontece antes. Há coisas tristes que acontecem antes do fim, notícias sobre a morte de pessoas, tudo termina um tanto sordidamente.

— Tens medo da loucura? Eu tenho medo de enlouquecer.

— Não tenho mais. Já tive. Acho que isso não me acontecerá mais. O que é triste é o fim em péssimas condições, as doenças, o sofrimento, só receber más notícias... a morte de pessoas...

— A morte de um amigo te toca realmente?

— Isso não me aconteceu muito até agora, mas vai acontecer cada vez mais. É isso que é deprimente.

— Tens muitos amigos?

— Nem tanto. Mas tenho. A gente começa a só receber más notícias e isso me parece horrível. Não se extrai sabedoria alguma, não se compreende o mundo melhor do que antes, tudo é falso, nenhuma sabedoria se tira disso, vive-se num ambiente, com um corpo, e tudo perece aos pouco. Por enquanto, eu estou bem, só preciso de óculos para ler, não conheci muita gente que já tenha morrido, mas sei que isso vai acontecer cada vez mais.

— Eu perdi dois dos meus melhores amigos. É algo que não se esquece. Tu és um tipo triste, melancólico?

— Sim, no fundo, sim. Não sou alegre. Eu sou honesto, não vejo originalidade nisso. Fui uma criança bastante alegre, como a maioria das crianças, depois comecei a perceber os problemas. À medida que a vida passa a gente vai ficando mais triste. É assim com todo mundo, não me parece que seja uma psicologia particular. Simplesmente eu não tento dissimular os fatos. Se é triste, digo que é triste.

— Existe uma tendência a associar um escritor, principalmente um escritor tão crítico e irônico como tu, aos seus personagens. Em função disso, crê-se que tu tiveste uma infância e uma adolescência infelizes.

Fiz a pergunta pensando no dublinense Jonathan Swift, satirista maravilhoso que, como Houllebecq, foi muitas vezes acusado de não ter tido infância ou de ter sido uma criança infeliz, o que no caso do autor de *Viagens de Gulliver* foi absolutamente verdadeiro.

— Não, de maneira alguma, não tive uma infância infeliz. Em contrapartida, tive uma adolescência frustrante, mas não pelas mesmas razões dos personagens dos meus livros. É estranho. Na verdade, eu agradava às meninas, mas não sabia como lidar com elas... Eu tinha ideias estranhas.

— Isso é importante, as garotas...

— Não. Dado, porém, que estamos falando disso agora... Na descrição da infância e da adolescência dos meus personagens nada há que se pareça com o que eu fui quando era criança. Se eu escrevesse algo autobiográfico, seria completamente diferente.

— Tu foste um adolescente alegre?

— De modo algum. Mas sem qualquer semelhança com os meus personagens adolescentes. Nada a ver com Michel ou Bruno. Isso na medida em que se pode compreender algo.

— Tu nunca trabalhaste em informática? — perguntei, pensando também nas suas passagens pelo Ministério da Agricultura e pela Assembleia Nacional.

— Sim, sim...

— Como teu personagem em *Extensão do domínio da luta*...

— Ah, nesse caso é mais autobiográfico, a parte profissional é mais autobiográfica.

— E tu conheceste um Tisserand?

— Não. Que eu me lembre, não. Nunca conheci alguém que possa ser identificado com Tisserand.

— Por que tu tiveste medo de enlouquecer? Eu tive medo depois de uma crise de alcoolismo.

— Não me aconteceu muito. Uma vez eu tive visões. Via pessoas que me falavam. Foi estranho. Não aconteceu muito, foi um medo rápido, que durou alguns dias, mas me assustou. Eu estava muito só. Foi rápido, mas eu poderia ter tendência a isso se começasse a exagerar no meu gosto pela solidão. Posso dizer uma coisa inteligente.

— Ao menos uma.

— Ao menos uma, sim.

Paramos para trocar a fita. Aos poucos, Cláudia havia descoberto os ângulos fechados, tirando-me do quadro e focalizando o rosto de Michel em close. Há uma força muito grande que emana dos seus olhos azuis tristes. Cada palavra se torna mais intensa quando se pode perceber detalhes da sua boca e do seu rosto triste. Em outros momentos, ele afaga a orelha direita num gesto desamparado. Atacamos a última parte com Michel já cansado, buscando uma posição mais inclinada na poltrona.

— Tu querias dizer algo inteligente... — eu o estimulei. Ele queria falar. Era perceptível.

— Bem, o que vou dizer não é tão notável assim, mas na literatura francesa, classicamente, falar de si mesmo é um gênero literário. Montaigne, Rousseau, considerados pelos franceses como clássicos universais da literatura, escreveram escavando no fundo de si mesmos. Qualquer autor francês que tenha vontade de fazer isso sente-se completamente legitimado, pois é algo visto como fazendo parte da grande literatura. Se eu digo, portanto, que não sou autobiográfico, é por ser verdade e deve-se acreditar em mim. Não haveria qualquer problema em sê-lo.

Michel falava e eu pensava: sorte dos franceses. No Brasil, só os famosos têm direito a falar de si mesmos. Os demais, especialmente os escritores desconhecidos, são acusados, nesse tipo de caso, de narcisismo, egocentrismo, obsessão pelo próprio umbigo, falta de assunto. Como se o particular não contivesse o universal.

— Se não sou autobiográfico, é por não me lembrar de tudo. Acho que poderei ser autobiográfico mais tarde, quando me lembrar de tudo o que vivi. Quando vejo fotos minhas, de quando era criança, não compreendo nada, não consigo saber o que eu pensava. Em relação à adolescência, acontece a mesma coisa quando vejo as minhas fotos. Não consigo me reconhecer nas imagens.

— Por quê?

— Não sei. Vejo um cara, que tem uma expressão, mas não consigo saber o que esse cara sente. Não é normal?

— Tu não te reconheces?"

— É. No fundo, eu não me reconheço.

— Tens, na cabeça, outra percepção de ti mesmo?

— As fotos contradizem o que eu sou.

— Quem tu és?

— Essa não é uma boa questão.

— Sim, sim. Eu penso muito nesse tipo de questão. Eu acho que sei quem sou.

— Ah, sim!? Eu tenho a impressão de não saber realmente quem eu sou, quem sabe eu seja um mentiroso...

— Disseste que és honesto...

— Não há incompatibilidade. Sou muito honesto quanto ao que penso da vida, porém... Não estou querendo dizer que eu viva inventando ficções, só que adoro contar histórias. Quando era criança eu já gostava de modificar as histórias, não para aparecer, somente para que elas se tornassem mais interessantes.

— Por exemplo, nos teus livros, quando tu fazes digressões sobre a física, a biologia, a física quântica, tu tens conhecimentos disso ou inventas tudo a partir de algumas expressões científicas?

— Em geral, não é falso. Pode me acontecer de exagerar na quantidade de conceitos científicos, pois eu gosto disso, mas há sempre um fundamento que não é facilmente refutável. Sinto prazer na manipulação dos conceitos científicos porque acho bonito. A realidade não é categórica, por isso minha resposta também não o é. A estética das palavras, mesmo quando elas não têm sentido, também me interessa. Faço as duas coisas.

— Os físicos e os biólogos já se manifestaram a respeito do que tu escreves sobre as ideias deles?

— Não. Melhor assim, pois se eles se manifestassem seria para me criticar...

— Tu não suportas ser criticado?

— Nesse caso, eu ficaria aborrecido, pois me esforço para compreendê-los. Seria aborrecido que eles considerassem o conteúdo científico dos meus livros como totalmente ridículo. Eu sofreria com isso.

— Quando teu estilo foi criticado como sendo raso, isso te machucou?

— Não. É mais difícil de escrever assim do que bancar o esperto inventando um estilo extravagante e rebuscado. A simplicidade é muito difícil.

— Tu, que moraste em Dublin, leste James Joyce?

— Não. Certamente vou fazê-lo. Talvez eu esteja um pouco velho para esse tipo de coisa.

— Tu falaste muito de Céline, não de Proust.

— Proust é meio incômodo. Ele é nitidamente melhor escritor do que eu.

Eu amo Proust. É o único escritor que me leva a uma afetação escancarada: só o aceito no original. As traduções publicadas no Brasil são pálidas. No fundo, embora seus admiradores mais fanáticos não tolerem essa afirmação, é um memorialista genial, que faz ficção com uma memória simulada. Eu não podia, no entanto, ficar sem provocar Michel, ainda mais que, pensando bem, eu nunca fui capaz de admirar alguém totalmente.

— Ele é meio chato, às vezes.

— Não, tu não podes dizer isso, Juremir. Ele é sublime.

— Por que tu não dizes isso o tempo todo, assim como fazes a propósito de Balzac?

— É que Proust é um autor que não me serve para nada, nem como inspiração. Não há como continuar o que ele fez. É perfeito. Balzac é mais simpático e serve de inspiração. Proust, na sua perfeição, é inumano.

— Ele era esnobe.

— Não apenas isso. É terrível. Ele era muito radical. Em certo momento, Proust se deitou e disse: vou parar de viver para escrever. Foi assim até o final da sua vida.

— Tu queres viver?

— Um pouco, ao menos. É impressionante.

Respirei fundo. Embalei a questão seguinte como um ataque ao simplismo dos jornalistas, que adoram rótulos. Repassei-lhe uma etiqueta que aplico a mim mesmo.

— Tu és um escritor maldito?

— Sim, estranhamente maldito, embora muito conhecido. Um amigo me disse uma vez que eu lembro um desses quadros em que Deus aponta alguém com um dedo vingativo para ser vítima...

— Por quê?

— Não sei. Não há razão. Precisava de alguém.

— Ele te escolheu. Há quem te considere o novo Voltaire, o crítico impiedoso do retorno das religiões.

— Eu sou um Voltaire mais triste, embora ele não fosse muito alegre.

— Ele esteve na prisão.

— Mesmo?

— Sim.

— Deve ter sido confortável para ele na época...

— Eu te imaginava, hoje pela manhã, na prisão de Ushuaia.

— Minha situação é pior que a de Voltaire, mais triste. Eu sou contra o retorno das religiões. Ao mesmo tempo, porém, acho triste não crer em Deus.

— Tu gostarias de crer?

— Em certo sentido, sim, pois as pessoas que creem são mais felizes. Ao mesmo tempo, sou obrigado a ser contra as religiões por ser a favor da liberdade, pelo direito de dizer o que eu quiser. É como ser militante sendo amargo por ser militante. É penoso.

— A política e a religião não salvam o homem. A literatura, sim?

— Eu nunca pretendi salvar o homem, é a vantagem.

— Tu não és feliz?

— Depende...

— Tu és famoso, rico, viajas muito, tens tudo.

— Então, eu sou feliz.

— Tens a obrigação de ser.

— O.k. Sem problema — ele respondeu com um sorriso, fazendo um "v" com os dedos.

— Obrigado.

— De nada. Eu poderia dizer que tenho Aids, inventar uma doença terrível, sei lá.

— Sua doença é o talento.

— Ah, que gentileza!

— O talento provoca problemas como a inveja.

— Sim, sim. Voltaire é mesmo triste quando diz que deixaremos este mundo tão imbecil e mau quanto o encontramos. Como diz Goethe, a água encobre o rastro que deixamos. Ele diz isso a respeito de quem produz uma obra. É lindo. Lindo e triste.

— As coisas belas nem sempre são alegres. Estou olhando pela janela a baía de Ushuaia. É lindo... E nada alegre.

— Não. É grandioso... Mas não é alegre.

— É triste essa Terra do Fogo.

— Triste, não.

— Melancólico.

— Sim. Melancólico. Devemos reconhecer que a beleza não é muito humana. É outra coisa.

15

Pouco depois de concluída a gravação da entrevista, já na metade da tarde do domingo, vieram nos buscar para a segunda parte da viagem. Fomos até o aeroporto, cada um com o nariz colado no vidro do carro, no mais hermético silêncio. Já sentíamos falta de Ushuaia. Para trás ficavam os pinguins, os lobos-marinhos, os fantasmas dos presidiários e um pouco de nós. Havíamos sonhado muito e conversado como se de cada palavra dependesse o nosso entendimento de nós e do mundo. Pegamos um voo para El Calafate. Michel Houellebecq carregava na mão um grosso volume de Agatha Christie. Eu continuava a debulhar Bruce Chatwin. Cláudia deliciava-se com Jorge Luis Borges.

Dentro do livro de Chatwin eu havia escondido uma folha com o texto de Baudrillard, pescado na internet, sobre a Terra do Fogo. Quando Michel, ainda no aeroporto, pousou os olhos curiosos em mim, a leitura de um fragmento veio num impulso:

"Os alacufes não sabiam que estavam no fim do mundo. Estavam lá e em nenhuma outra parte — onde nunca estaremos. Para os navegadores, os aventureiros, os missionários, tampouco era o fim. Descobriam um mundo sem equivalência com o deles, com o qual podiam se comparar, uma nova fronteira. Nós chegamos aqui, hoje, só com o imaginário do fim do mundo, ao qual a viagem espacial, depois de muito tempo, pôs fim. E enquanto os habitantes da Terra do Fogo não se separavam jamais dos seus fogos (transportavam-nos por toda parte, mesmo sobre os caixões, em forma de brasas), nossa preocupação principal é transportar por toda parte, mesmo às latitudes glaciais, nosso frio artificial."

— Hummm...

— Fico arrepiado — confessei.

— Com o nosso frio artificial? — brincou Michel.

— Com o nosso absurdo natural — respondi como bom e velho leitor de Jean Baudrillard.

Sentamos os três juntos no avião. Cláudia na janela, eu no meio e Michel no corredor. A viagem foi rápida. Para minha surpresa, depois do lanche, Michel puxou conversa. Começou a falar como se estivéssemos continuando um diálogo interrompido pouco antes:

— Ser escritor reconhecido funciona, muitas vezes, como uma corrida de obstáculos em busca da fama — disse.

— Eu sei. Ah, como sei! Cada competidor deve ser capaz de inventar algo suficientemente novo ou surpreendente para merecer um lugar no pódio — falei.

— O importante é que funcione. Depois que o sujeito se tornou famoso, mesmo que desapareça ou não seja mais lido, será para sempre considerado um escritor.

— Em contrapartida, enquanto não for um sucesso de crítica ou de vendas, Michel, de nada adiantará ao escritor se ver como tal. O paradoxo do escritor é simples: se é criticado e não reage, aceita a crítica, que, em consequência, é pertinente. Se reage, não sabe aceitar uma crítica, logo ela é ainda mais pertinente.

— Humm... Sempre tens muitas teorias à mão...

— São teorias *prêt-à-lancer* — brinquei.

— Tornar-se escritor é algo que pode implicar muito sofrimento e decepção — concedeu Michel.

— Autor é aquele que publica um livro. É o que mais tem. Escritor é aquele que tem algum tipo de reconhecimento pelo que publicou. Pode-se publicar muitos livros e nunca se chegar a ser aceito pelos pares, pela crítica ou pelo público como escritor. Essa é a merda.

— Certo, Juremir, mas o reconhecimento deve ser uma consequência natural, quase espontânea. Não se pode escrever obcecado pela ideia de reconhecimento.

— Tu continuarias escrevendo, Michel, se ninguém comprasse ou se ninguém lesse os teus livros?

— Hummm...

— Acho que paraste de escrever poesia, Michel. Salvo se eu estiver muito enganado. Por quê? Cansaste?

— Pouca gente se interessa por poesia.

— Hummm...

— É um excelente comentário — ironizou Michel.

— Um livro para mim não precisa ter história nem unidade — comecei a falar, sem me dar conta de que não havia mais nexo em nosso diálogo. — Aliás, detesto tudo o que é muito costurado. Mas adoro explicações. Já te disse isso? Somos escravos de Aristóteles. Qualquer coisa, qualquer texto, do meu ponto de vista, pode ser considerado um romance. No Brasil, precisa ter intriga, acontecimentos ou neologismos. Comigo, tudo pode ser.

— Só não pode soar falso.

— Bingo!

— A verossimilhança é decisiva.

— Eu sei. Até a descrição ou a caracterização de um louco precisa ser verossímil ou não funciona. Inclusive dos seus delírios e alucinações. A falha da arte da experimentação é, muitas vezes, na busca desesperada da novidade, esquecer a verossimilhança. Fica novo, até radicalmente novo, mas não convence, pifa, ora.

— Toque aqui — disse Michel, oferecendo-me a mão.

— Gostaste de Ushuaia, cara?

— *Por supuesto!* É um lugar riquíssimo!

16

Havia uma razoável distância a percorrer entre o aeroporto de Calafate e o hotel Los Alamos, situado no centro da pequena cidade. Não fosse pelas casas com seus tetos coloridos e inclinados para facilitar o escorrimento da neve — azuis, verdes, amarelos, vermelhos —, eu me sentiria no Velho Oeste. Eu me senti muito original quando pensei isso. Mais tarde, encontrei a mesma ideia em 23 guias, prospectos, folhetos, artigos, crônicas e reportagens sobre o lugar. É incrível como um lugar sem pobreza pode, mesmo assim, transmitir uma sensação absoluta de desolação e de mistério. Caso seja possível falar assim, um mistério banal, sem transcendência nem metafísica. Não se tratava de uma imagem chocante nem assustadora. Era apenas uma solidão opressiva, embora com gente e carros passando, dominada pela aridez, apesar de alguma verdura de esquálidos arbustos e de construções sólidas. Talvez fosse apenas uma impressão minha distorcida por um momento de depressão após tantas conversas no limite da descrença. Quem sabe meu frio existencial estivesse aproveitando para se manifestar. Acho que meu fogo quase se apagara.

Michel cheirava seu paninho. A guia explicava alguma coisa. Cláudia sorria muito contente. Assim chegamos ao hotel, que me lembrou outro na China, na cidade de Confúcio. Eram vários pavilhões situados dos dois lados de uma alameda arborizada com espécies esbeltas. Minha memória começa a vacilar. Acho que havia um jardim, um parque, algo assim, muito bonito, calmo, chique, com um ligeiro ar de cemitério-parque. Tudo funcionava bem ali, menos a conexão com a internet. Nossa instalação foi rápida. Ficamos no quarto algum tempo descansando. Por fim, Michel bateu em nossa porta. Queria beber algo. Atravessamos a alameda para ir aos pavilhões onde havia um bar, um restaurante, o lugar onde se tomaria o café da manhã, um spa, se não me engano, sinuca, computadores para internet, gente conversando.

Creio que Michel foi na frente. Bebemos até tarde. Foram duas noites naquele hotel. Nas duas, fomos para o outro lado, uma no bar, outra no restaurante. Lembro-me de que numa dessas noites tomamos duas garrafas de um Pinot Noir argentino chamado Fin del Mondo. Era um tanto frutado. Brincamos de fazer frases bestas, afetadas, sobre vinhos, à maneira dos diletantes deslumbrados, coisas do tipo "cheira a casca de árvores tropicais ao cair do outono" ou "lembra vagamente um gosto de raízes ou de tubérculos jovens com um cheiro de morangos silvestres ou de cogumelos da alta montanha". Michel mostrou-se imbatível nesse exercício de estilo.

Em determinado momento, começamos a falar da geração beat, da literatura norte-americana e do consumo de drogas. Eu flutuava ao sabor do vinho. Cláudia sorria para mim como se quisesse me proteger da queda num abismo. O rosto de Michel estava estranhamente aberto, embora seus olhos diminuíssem aos poucos. O local já não influía diretamente sobre nós, embora permanecesse como um cenário sem o qual talvez nada nos acontecesse.

— Eu adorava William Burroughs — eu disse.

— Eu também. *Junky* é um livro esplêndido — emendou Michel, alisando a têmpora como se sofresse.

— Havia uma atmosfera pesada e radical em Burroughs que me fascinava, como se ele me provocasse a tentar atingir meus limites. Eu chegava a ter medo a cada página. Sabe essa coisa de ser contrafóbico, Michel?

— Eu gostava da agilidade e da força do texto dele.

— É, muito legal. Eu já quis ser um novo Burroughs. Nunca me apaixonei realmente foi por Kerouac.

— É bom também. Bukowski é ainda melhor.

— Nunca esqueço da sua história sobre a garota mais bonita da cidade. O filme de Marco Ferreri, com Ornella Mutti, está grudado na minha retina. Que mulher!

— E Ben Gazarra no papel do velho safado.

— Talvez Bukowski seja o mais imitado atualmente.

— No Brasil?

— É. Tem uma geração de discípulos de Bukowski agora, mais pelo seu lado fodedor e bêbado, acho. Alguém escreveu que não gosta dos livros dele por não gostar dos seus leitores. É uma bela sacada. Os leitores de Bukowski quase sempre são malas sem alça, uns chatos tomadores de cerveja e metidos a grandes comedores.

— Hummm...

— Robbe-Grillet também é um velho safado, não? Ao menos, quero dizer, nos livros que escreve. O último, *Um romance sentimental*, é quase escroto, um tratado de pedofilia e incesto. Claro, como sempre, com a fantasia de um homem, um sujeito, no caso, imóvel.

— Pensei que Robbe-Grillet fosse teu amigo.

— E é. Falei com ele por telefone ainda na semana passada. Ele ficou, faz alguns anos, mais de dez dias com a gente no Brasil, no Festival de Cinema de Gramado, a uns 100 quilômetros de Porto Alegre, um lugar que devias conhecer. É um homem elegante, divertido e muito inteligente. A mulher dele também é uma pessoa muito interessante. Sabe o que ele me contou, Michel?

— Não. Enfim, já vou saber, não?

— Num dos aniversários de Robbe-Grillet, há algumas décadas, ela lhe deu uma garota, parece que muito jovem e linda, para uma noite de sexo selvagem.

— Ah, bom!

— Agora ele está velho e sofreu uma operação cardíaca. Nos livros, porém, o apetite continua.

— Nada mal.

— Enfim, eu gostava disso tudo, dos americanos safados e das suas façanhas, Michel, principalmente de Henry Miller, na época em que eu me drogava bastante.

— Com o quê?

— Maconha, muito álcool e um troço mais pesado, químico, um medicamento para loucos chamado artane. Eu tinha alucinações, ficava doido e acabava desesperado.

— Eu usei quase todo tipo de droga e nunca senti medo nem qualquer tendência para a dependência.

— Mesmo? Coisas, sei lá, como droga pesada, na veia, heroína também, Michel, esses troços assim?

— Tudo. Eu sempre pude parar quando quis. A droga nunca me pegou. Eu me servia dela e pronto. No começo, tinha aquela coisa de ampliar a percepção. Depois, era só um combustível para algumas sensações. Nada que eu não pudesse controlar ou dispensar quando bem entendesse.

— Eu pensei que ia pirar.

Cláudia remexia-se na cadeira. Volta e meia, puxava a conversa em outras direções. Bebia o vinho em goles curtos e concentrados. Não gostava que eu falasse desse passado duramente superado. Tanto fez que conseguiu desviar o assunto para a música francesa. Falou em Serge Gainsbourg. Michel sorriu. "*Les femmes c'est du chinois*", eu tentei cantarolar. Cláudia tapou os ouvidos. Meio constrangido, pois meus amigos franceses sempre torcem o nariz quando revelo minhas preferências, citei Charles Trenet. Um clarão apareceu no rosto de Houellebecq.

— Trenet é o talento superior, puro — disse.

— Ah, bom? Tu preferes Trenet a Gainsbourg?

— Trenet é o próprio estilo, a elegância total, o nível máximo da canção popular, ora.

Fiquei extasiado. Aí, para nossa surpresa definitiva, Michel começou a cantar "Douce France". Não desafinou. Sua voz, normalmente baixa, encorpou-se:

— "*Douce France, cher pays de mon enfance...*"

Tivemos um pequeno show particular, que atingiu o ápice para mim com "Que reste-t-il de nos amours?" e "Verlaine". Em Porto Alegre, como faço com todos os franceses que me visitam, eu havia mostrado a Michel uma edição do *Correio de Povo* de 1951 com uma foto de Charles Trenet sendo arrastado pelas mãos e pelos pés por homens da polícia gaúcha. Convidado a se apresentar na capital gaúcha, numa manhã de domingo, o cantor, ao ver que a sala não estava lotada, teria batido o pé e repetido três vezes com ar de enfado: "*Je ne chante pas. Je ne chante pas. Je ne chante pas.*" Provocou um furacão. Dormiu na cadeia para aprender quanto era estimado pela plateia porto-alegrense, que não aceitou ficar sem ouvi-lo.

Michel cantava Trenet. Os garçons estavam surpresos com um francês tão extrovertido e com brasileiros tão atentos. Admito que sou piegas. Ouvir Michel Houellebecq, de olhos fechados, entoar as canções francesas que escuto diariamente, me emocionou. Estava ali um homem simples, comum e terno bebendo vinho e cantando como um bom turista entre amigos. Se eu não fosse tão desafinado, teria cantado junto. Preferi manter a minha dignidade e escutar, ajudando quando ele esquecia algum pedaço de letra. A emoção, contudo, foi tanta que, certa hora, não resisti e soltei a voz trêmula num fragmento de "Ménilmontant". Alguns clientes apressaram-se em pedir a conta. Antes de ser censurado, calei a boca. Michel prosseguiu. Seguimos assim até que ele dormiu na mesa.

O ar frio da noite, já na rua, nos despertou, arrancando-nos das brumas do vinho do Fin del Mondo. Entramos em nosso prédio rindo como adolescentes chegando de uma festa. Michel ainda cantarolava algo de Trenet.

17

Acordamos cedo para o passeio às geleiras. Embarcamos numa van e fizemos a recorrida dos hotéis em busca dos nossos companheiros de jornada turística. Essa parte é sempre enfadonha e temi que Michel se aborrecesse, o que não aconteceu, pois ele ainda estava em transe. Vez ou outra, sorria, sem que seu olhar fixasse um ponto qualquer. Entraram duas brasileiras com uma criança. Um homem tentava conversar com o motorista, que se mantinha lacônico ou visivelmente incomodado. O ar de Velho Oeste de Calafate me parecia ainda mais evidente e desolador. Quando finalmente passamos a rodar junto ao lago Argentina, com suas águas turquesa, tendo como fundo a cordilheira dos Andes, eu quase dormi. Caí num torpor. Lembro que alguém apontava arbustos espinhentos, com frutos cor de púrpura, e falava em calafates. Sorvete de calafate, doce de calafate, "postre de calafate".

Fazia bastante frio embora o sol se mostrasse generosamente. Eu via o nada, sentia o nada, experimentava o vazio, ouvia o vento, contemplava os horizontes sem fim, entre o azul, o marrom e o cinza, ou tentava acompanhar os recortes da silhueta nevada da montanha implacável e soberana. Eu me sentia estranho. Sentia meu rosto se entortar como se fosse uma figura cubista. Ao meu lado estavam uma mulher de cabelos vermelhos e um homem de cabelos ralos cheirando um paninho. Por um momento Cláudia e Michel me pareceram tão esquisitos quanto os turistas que lotavam o carro e tagarelavam em várias línguas. Na verdade, eu cochilava a caminho de Punta Bandera, onde pegaríamos um barco para navegar pelo braço norte do grande lago, o maior da Argentina, a fim de ver as geleiras Upsala, Onelli e Spegazinni. A viagem durou cerca de uma hora. Despertei quando alguém, supostamente a guia, disse com voz clara:

— ... Patagônico e magalânico...

18

O número de ônibus e de vans era enorme nas proximidades do pequeno porto de Punta Bandera. Entramos pacientemente na fila para adquirir nossos tíquetes. Embarcamos no *Quo Vadis* como estudantes entrando num ônibus rumo a uma colônia de férias. O salão grande estava quase lotado. Sentamos mais atrás para garantir uma boa visibilidade. Michel e eu já estávamos obedientemente alojados quando Cláudia saiu correndo em direção ao nariz do catamarã. Ultrapassou uma divisória envidraçada sem que ninguém pudesse impedi-la, conversou rapidamente com uma mulher e começou a acenar para nós. Ficamos meio constrangidos. Muitas pessoas nos olhavam. Cláudia não parava de agitar os braços nos chamando.

— Michel, nunca se deve resistir a um chamado da Cláudia — eu disse. — Vamos lá, meu velho, coragem.

— Hummm...

Avançamos justamente quando começava a se formar uma aglomeração junto à divisória. Cláudia nos puxou para dentro do reservado com autoridade e determinação.

— É a sala VIP — falou. — Vamos pagar a diferença.

Instalamo-nos em confortáveis poltronas de cara para o vidro dianteiro da embarcação, sem contar a vista lateral e o atendimento cinco estrelas. Cláudia havia tomado de assalto os melhores lugares para nós.

— Eu sempre quis ser VIP por toda parte — murmurou Michel, antes de cobrir a boca e soltar sua risada.

Agora, quando olho algumas das nossas fotos, tiradas no espaço VIP do *Quo Vadis*, descubro a nossa alegria quase infantil. Estávamos muito felizes e descontraídos. Numas dessas imagens, estamos os três bebendo espumante — Cláudia no meio de nós —, rindo de nada e de tudo. Noutra fotografia, Michel e eu olhamos para nossos cálices de "champanha" com as bocas distorcidas pelos nossos risos. É fácil perceber que já estamos meio bêbados, não muito, pelos nossos olhos pequenos, quase fechados, umas frestas, e pelas nossas expressões compenetradas ou, no bom sentido, deslumbradas. Nem a gripe que me fez sofrer o dia todo, consumindo caixas de lenço, derrubou o meu ânimo. Nunca derramei tantas lágrimas e espirrei tanto quanto durante o tempo em que o sol forte bateu sobre o vidro e espalhou-se sobre nós como um braseiro. Aliviei a garganta com uma montanha de cristais de gengibre.

— Eles nunca te darão o Nobel — eu lhe disse, sem mais nem menos, quando o *Quo Vadis* se afastou do porto.

— Ah, bom!?

— Deram para o chato do José Saramago, não para o Lobo Antunes. Preferem os construtores de mitos, não os malditos. Um comunista ultrapassado é melhor do que um niilista com futuro. Tu gostas de Lobo Antunes, Michel?

— Nunca li.

— Para ganhar o Nobel tem de ser construtivo, otimista, positivo e humanista. O Nobel da literatura é um segundo Nobel da Paz ou um prêmio às boas intenções.

— Eu sou tudo isso, Juremir.

— Eu também.

— Não vamos, então, brigar por isso.

— Já te falei da minha teoria das instalações?

— Hummm... Não.

— Numa exposição, dessas de arte contemporânea, como a FIAC, um artista famoso pendurou num varal uma cueca suja de cocô. A crítica ficou deslumbrada. Boa parte da literatura experimental, na busca desesperada do novo, é cueca com cocô. A novidade é visível. Só que cheira mal.

— Que merda, hein!

O comandante da embarcação não parava de falar em espanhol e em inglês. Dava explicações turísticas, históricas, científicas, anunciava os serviços e os nomes dos integrantes da sua equipe, martelava conselhos de atenção e sensatez. Daria um bom narrador de futebol. Tenho certeza de que falou em bosques patagônicos de transição, Parque Nacional dos Glaciares, rochas negras, pontos de erupção, rios, cascatas e campos de gelo. Era uma fábrica de informações gritadas com entusiasmo:

— O campo de gelo patagônico, terceiro maior do planeta, possui nada mais nada menos que 356 geleiras.

— Porra...

— Hummm...

— Tira uma foto minha com o Michel, Juremir.

Às vezes, Michel tapava os ouvidos com as mãos em concha enquanto o narrador se excitava com algo. De repente, em meio a um desses discursos por alto-falante, olhou para mim e soltou sua gargalhada abafada.

— Esse aí é como Victor Hugo e Maurice Dantec. Daria para cortar bastante do que ele diz — falou.

— Porra...

Ao final do passeio, na ficha de avaliação dos serviços do *Quo Vadis*, anotou: "verboso demais".

O final da jornada, porém, ainda estava longe. Começamos a ver os primeiros blocos de gelo à deriva. São de um azul terrivelmente azul. Eu tentava identificar esse azul com uma palavra e só conseguia pensar em azul de metileno ou nos vidros de leite de magnésia, um purgante, branco e leitoso, do qual, quando criança, eu tinha horror. Vimos um bloco enorme formando uma espécie de portal azul flutuante. Corremos para fora em busca do melhor lugar para fotografar e filmar. Nós e mais as torcidas reunidas do Flamengo e do Corinthians. Os turistas mais extrovertidos gritavam deslumbrados:

— É uma catedral de gelo!

— É o portal do paraíso!

— Que loucura azul!

— É uma miragem!

Ficamos em silêncio. Parecíamos devotos orando diante do pórtico da catedral de gelo. Não conseguíamos certamente encontrar algo tão original para dizer. Perto do meio-dia, antes das grandes emoções da excursão, atracamos na baía Onelli. Descemos para um passeio a pé. Os guias reuniram a massa para dar instruções. Em seguida, andaríamos por uma trilha no meio das árvores até o lago Onelli. Ao ver o rebanho em torno dos seus pastores, Michel recuou visivelmente chocado:

— Nossa, é turismo puro e duro mesmo! — exclamou.

Deixamos a tropa partir na frente e seguimos lentamente o rastro deixado por nossos batedores. Cláudia agitava-se com suas máquinas. Protegido pela minha manta vermelha, que me assinalava como um farol em alto-mar, eu me dividia entre assoar freneticamente o nariz, pescar mais um cristal de gengibre na caixinha redonda e tentar filmar Michel, com sua touca marrom enterrada na cabeça, marchando entre as árvores, num túnel verde sem qualquer perigo, apesar das recomendações dos guias para caminharmos com firmeza e usarmos calçados adequados. O marketing do perigo é essencial numa excursão para turistas de cabinas VIP como nós.

Na caminhada de uns 20 minutos vimos uma vaca abanando o rabo, que decidimos considerar selvagem para fazer jus aos relatos de um guia sobre os primeiros rebanhos da Patagônia. Vimos também um bicho com todos os requisitos necessários para ser chamado de lagarto e alguns pássaros. Adoraríamos ter visto um puma, um condor ou um cervo. Imaginei uma fábula. Cláudia era uma cigarra que se tomava por uma formiga. Michel era um pinguim confundido

Sentindo os primeiros ventos gelados em Ushuaia

Pose para foto no fim do mundo

Primeiros contatos com a diversidade da natureza patagônica

Conversa literária diante da lareira no Parque Nacional Tierra del Fuego

Paisagem de cartão-postal com pico nevado ao fundo na baía Lapataia

Os pinguins magalânicos fascinaram Michel Houellebecq

Teorizando sobre os pinguins da Isla de los Lobos

Discussão no Parque Nacional de los Glaciares:
porta azul do paraíso gelado ou do inferno petrificado?

Michel Houellebecq revela seu talento de fotógrafo na baía Onelli

Fragmentos de poliestireno, segundo
definição inesperada de Houellebecq, na baía Onelli

Um momento enigmático de reflexão sob o verde patagônico

Um jeito muito particular de segurar o cigarro

Nada como um espumante a bordo para comemorar a beleza do Glaciar Spegazzini

Posando para a posteridade com o Perito Moreno ao fundo

Às margens do lago Argentino com bandeira no alto e os Andes no fundo

Questão de orientaçao: onde fica exatamente o fim do mundo?

Perito Moreno, "gigante branco" em tom azulado, arranca os nossos mais calorosos elogios

Olhar estrangeiro: a câmera revela o revelador

O gelo faz pensar na vida

A Patagônia descontrai mesmo o aparentemente mais frio dos homens

Antes de devolvê-lo à meditação...

Ao estranhamento...

E ao silêncio

com um pica-pau e eu era um puma transformado por um espírito do mal em lobo-marinho. A cigarra-formiga dizia para o pinguim-pica-pau: "Cuidado com as cobras." Ele respondia: "Hummm..." Eu tentava montar a história com rapidez. Faltava algo de espetacular e edificante para colorir o relato. Qual seria a moral da história?

Michel caminhava pelo túnel verde com um ar de pensador cheirando seu paninho. Era um pequeno Rodin em movimento. Chegamos à beira do lago. Um espetáculo inusitado nos esperava: uma imensa superfície de água salpicada de blocos de gelo azulados que mais pareciam grandes bolhas de espuma de detergente. Era um imenso Tietê limpo, translúcido e original. As pessoas recomeçaram a soltar definições poéticas e líricas:

— Riquíssimo — disse um chileno de cachecol verde.

São bolhas de sabão azuis — observou uma senhora.

— São poesias de gelo azul — disse um cara com ar de escritor de porcarias e óculos de lentes ensebadas.

— Que lindo — resumiu Cláudia.

— É detergente — eu me atrevi a afirmar.

— Hummm...

— É a baía de Guanabara tomada de sacos de leite azulados e de garrafas pet gigantes boiando — insisti.

— Não. É poliestireno — definiu Michel.

Alguns dos nossos companheiros de turismo se afastaram balançando a cabeça. Talvez compreendessem francês. Aproveitamos para nos fotografar em pose de intelectuais introspectivos à beira de um lago gelado, tendo instalações de poliestireno às nossas costas ou algodões-doces azuis caídos das nuvens. Voltamos para junto do *Quo Vadis* antes dos outros. No caminho, tivemos uma nova "*conversation animalière*" sobre pumas, condores e, naturalmente, pinguins e lobos-marinhos. Vou poupá-los dos detalhes. Foi muito instrutivo. Ainda no trajeto, enquanto Cláudia e Michel falavam de flores, perfumes e imagens, eu me sentia um soldadinho de chumbo no bosque das estações perdidas. Eu queria ser escritor. Eu já havia publicado vários romances, tendo inclusive figurado, durante algumas semanas, com *Getúlio*, na lista dos livros mais vendidos da mais importante revista semanal brasileira. Continuava, porém, sendo apenas um candidato a escritor seguindo os passos do meu amigo escritor. Não havia amargura nem inveja no meu coração, ainda que muitas vezes na vida eu tenha sido chamado de invejoso, somente uma espessa e necessária constatação.

Não tínhamos reserva para o restaurante. Cláudia tirou da bolsa três sanduíches de queijo e presunto preparados com desvios do café da manhã. Ficamos matando o tempo. Michel fumou três cigarros. Houve um momento de silêncio constrangedor. Por fim, sem que eu estivesse preparado para responder, Michel perguntou:

— De que tu gostas realmente nos escritores franceses mais recentes, Juremir?

Eu não sabia o que responder. Fiquei enrolando.

— Há uns muito engraçados — ele prosseguiu.

— Mesmo? — foi o melhor que consegui dizer, depois de um grande esforço, para estimular a conversa.

— Num livro de Yves Simon, por exemplo, o personagem pode ir ao Japão só para ver a floração das cerejas...

— Yves é meu amigo — respondi, embaraçado.

— Certo, mas isso nada muda no gosto dos seus personagens por viagens com motivos tão exóticos — emendou, soltando uma sequência de risos abafados.

— Teus personagens nunca fazem isso?

— Ah, não. Eles não são tão chiques. Viajam para trepar ou para fazer turismo como qualquer um.

O rebanho de turistas apontou na saída do bosque. Michel Houellebecq fitou o grupo barulhento como se observasse uma revoada de borboletas. Uma senhora muito gorda abria o pelotão com passos arrastados e um jeito triunfante. Um casal de namorados parou para se beijar numa espécie de oferenda à natureza tão generosa.

— É de enternecer — disse Michel.

19

A tarde estava reservada para a contemplação das geleiras Upsala e Spegazzini, respectivamente a mais extensa e a mais alta em nosso caminho. O sol batia no vidro e refletia em meu rosto com uma violência acelerada pela minha gripe. Eu me sentia terrivelmente cansado, embora feliz. Só me faltava, como fundo musical, a "Patética", de Beethoven, a sonata que eu mais amo escutar, estranhamente em qualquer situação. Já ouvi a "Patética" durante um jogo de futebol do Inter de Porto Alegre. Uma derrota. Tirei o som da televisão e o substituí pela música que se tornou fetiche para mim desde que completei 40 anos de idade e deixei de ir aos estádios. No *Quo Vadis*, no entanto, não havia qualquer chance de ouvir Beethoven, ainda que me parecesse o mais adequado para a contemplação de geleiras azuis.

A geleira Upsala é uma parede imensa bloqueando o caminho dos barcos. Listas marrons serpenteiam ao longo do gigantesco bloco de gelo. São as "morenas". Marcas da concentração de tudo aquilo que é arrastado durante a formação das geleiras: terra, pedras, outros minerais... O material conflui para linhas de acumulação que sujam o gelo deixando um rastro escuro e surpreendente, um vestido de noiva amarrotado e sujo de lama. Uma brasileira perguntou a uma das guias:

— Como se formam as geleiras?

Diante da iminência da resposta, a centésima do dia, fomos tomar ar na parte traseira do catamarã. Quando voltamos, ainda ouvimos a guia explicar:

— Upsala é uma geleira em retrocesso.

A ideia me seduziu sem que eu pudesse me defender. O retrocesso dos gelos eternos me surgiu como uma imagem razoável e libertadora. Uma bênção. Extasiados diante da imensidão horizontal do Glaciar Upsala, oscilávamos entre as brincadeiras de sempre e uma súbita conversa séria. Foi Cláudia quem começou a nos provocar:

— Será que o aquecimento global vai destruir tudo isso? Se acontecer, vai inundar até Calafate.

— Se, de fato, o aquecimento global existir — eu disse. — Tem muita gente que duvida totalmente disso.

— Da tua infância, Juremir, o que mais tu lembras?

A pergunta de Michel não me soou deslocada. A imagem da geleira Upsala fechando um flanco do caminho abria em mim uma cascata de lembranças inexplicáveis e fortes.

— De uma pequena lagoa. Na verdade, uma aguada. E do vento, o Minuano, soprando em Palomas. Eu passaria a minha vida só lembrando do sopro do Minuano em Palomas.

— Eu ainda preciso me lembrar de tudo. Não consigo. Há muita coisa que me escapa. Sei que vou conseguir.

— Comigo, Michel, é o contrário. Eu me lembro constantemente de coisas sem importância. Por exemplo, de cacos de vidro azuis, quase tão azuis como alguns desses blocos de gelo, que eu achava sob as árvores.

Depois de mais algum tempo de navegação, que usamos para beber espumante e tirar mais e mais fotos, avistamos a geleira Spegazzini. Imensa, alta, um arranha-céu de gelo azulado, com até 135 metros de altura, no meio do lago. Deixei escapar um gemido de admiração. Recomeçaram imediatamente as comparações. Era preciso arriscar.

— É um castelo azul sobre as águas.

— É o castelo de uma fada.

— É uma poesia de gelo.

As pessoas se repetiam. Meu olhar se fixou no azul profundo da geleira de um modo que me paralisou.

— É um mausoléu — eu disse, sem qualquer zombaria.

A morte estava ali dentro. Cheguei a imaginar que eu poderia vê-la. Bastaria perfurar o azul com um olhar cada vez mais agudo e desinteressado. De resto, aquela cor, ao mesmo tempo transparente e fechada, me lembrava os mausoléus azuis do pequeno cemitério de Palomas, encravado na verdura da campanha gaúcha como um corpo estranho e misterioso, tão estranho quanto o glaciar Spegazzini elevando-se sobre as águas como um gigantesco vidro de magnésia ou o túmulo de um general.

Enquanto um dos tripulantes descia um balde para recolher gelo do lago a fim de melhorar a temperatura do uísque de alguns passageiros, eu bati no ombro de Michel:

— Estás vendo a morte ali, cara?

Ele me olhou nos olhos, procurando um sinal da minha loucura ou somente a chave de uma anedota, e sorriu.

— Hummm...

— Em Palomas, quando o Minuano soprava entre os eucaliptos, em dias em que o céu tinha o azul intenso dessa geleira, eu via a morte passar, tenho certeza.

Havia, sem dúvida, algo de uma catedral gótica em algumas partes ou ângulos da geleira Spegazzini. Era uma catedral com vitrais azuis erguendo imensas agulhas para um céu líquido e perigoso. Eu me esforçava para ser positivo. Em vão. A cada segundo, sem conseguir me impedir de pensar assim, eu via nossos corpos — o meu, o de Cláudia e o de Michel — sendo enterrados no coração azul sereno do gelo, naquela incomensurável gema onde a luz batia e voltava depois de ter parte da sua intensidade ofuscante absorvida, devorada, engolida.

— Spegazzini mantém-se estável, afirmam alguns especialistas. Outros, porém, dizem que está regredindo.

A voz da guia era aguda. Meu olhar também. O de Michel era opaco. Todos os demais, inclusive Cláudia, tinham olhos brilhantes. A geleira Spegazzini era uma pedra bruta e brutal, terrivelmente líquida na sua solidez eterna, um paradoxo azulado boiando, soltando pedaços, descendo dos Andes como uma cascata de merengue, arrastando paus, pedras, bichos, ossos e terras numa convulsão orgânica em nome do azul mais intenso e ferino.

— É um azul cruel — eu disse.

— Como descrevê-lo? — perguntou Michel, creio que em tom retórico, sem esperar de fato uma resposta.

— Pegar esse azul, capturar esse gelo, penetrar nessa rocha, isso é escrever, Michel.

— Capturar a morte... A vida.

— Nada é mais difícil de descrever do que a natureza — eu disse. — Talvez só o ato sexual. É sempre brega.

— Não. Sexo é fácil. Eu sou muito bom nisso.

— Vamos brindar — ordenou Cláudia.

O espumante tinha a intensidade branca e borbulhante daquele azul frio congelado numa pedra transitória pela eternidade, sabendo-se que a eternidade é um momento da história do vazio. Não resisti a um desejo de imagem fácil. Ela me veio num impulso turístico irrefreável.

— Essa geleira é a mais perfeita imagem do que somos na vida. Ela nos contém perfeitamente no que temos de eternos e de efêmeros, de permanentes e de mutantes.

— Bravo! — exclamou Michel.

20

Dormimos no retorno a Punta Bandera. O trajeto de carro, margeando o lago Argentina com sua coleção de reflexos, foi de poucas palavras e de nenhuma filosofia. Na entrada do hotel, vi os jornais. Era o dia da posse de Cristina Kirchner na presidência da Argentina. Na televisão, ela aparecia elegante e emocionada, ao lado do marido, El Pinguim, apático como sempre. A América do Sul estava dando um banho nos Estados Unidos. O Brasil tinha um presidente operário; a Bolívia, um presidente índio; a Venezuela, um presidente mestiço. A Argentina acabava de empossar uma mulher. Restaria aos Estados Unidos tentar recuperar o tempo perdido elegendo uma mulher ou um negro para suceder o lastimável George Bush. Eu não apostaria nisso. Sempre perco as melhores apostas que faço.

Cristina Kirchner tomou posse como presidente da Argentina enquanto nós visitávamos as geleiras da Patagônia, indiferentes aos fatos históricos e alheios às notícias do momento. Néstor Kirchner, o marido da nova presidente e seu antecessor no posto de chefe da nação, havia sido governador da província de Santa Fé, na qual está situada a cidade de El Calafate. Comentei com Michel em tom fingido de espanto, embora com certa vergonha.

— Cristina Kirchner assumiu a presidência sem que nós déssemos a menor bola para isso.

— Quem é essa?

Tenho certeza de que ele fazia por gosto, apenas para me provocar, simulando um desconhecimento total da realidade da nossa pobre e amada América Latina.

— A mulher do presidente Kirchner, que foi eleita para sucedê-lo. Ele é chamado de Pinguim. Ela é a primeira mulher a chegar à presidência da Argentina.

— Teve a Isabelita antes.

— Ela não foi eleita presidente.

— A Evita não mandou no país?

— Mas não teve tempo de ser eleita.

— É bem coisa da América Latina, o poder em família.

— Na França, o Front National passou prefeituras de marido para mulher, não? — perguntei por me sentir ofendido em meus brios latino-americanos. — Nos Estados Unidos, parece uma dinastia, Bush pai, Bush filho e, quem sabe, um dia, Senhor Clinton e Senhora Clinton.

— É um bando de idiotas.

— E Nicolas Sarkozy?

— Não tem sido pior que antes. Ele está indo bem.

— Com a Carla Bruni.

— Não está sendo o monstro anunciado pela esquerda.

— A mídia vive inventando monstros. Tem o Hugo Chávez, na Venezuela, o Evo Morales...

— Quem é esse?

— O presidente da Bolívia?

— Onde fica a Bolívia?

Eu ri. Ele resolveu moderar a provocação:

— Eu sei que a Bolívia é um país da América do Sul, mas está situado onde exatamente, cara?

— Ah, bom, meu velho, eu já estava com pena da tua professora de geografia, certamente uma boa senhora.

— Bom, bom, que pretende fazer a senhora Kirchner?

— Assumiu falando grosso. Disse que as Malvinas são argentinas e tratou os ingleses de ocupantes.

— Os ingleses são fogo. Nunca querem largar o osso. Os irlandeses que o digam. Ela vai atacar a Inglaterra?

— Com provocações.

— Faz bem.

— Faz o que pode.

— Ela é bonita?

— Parece que foi linda quando jovem...

— Hummm... Sempre o mesmo problema.

— Ela ainda tem charme.

— Já é um consolo. E Lula, o brasileiro, ele faz alguma coisa ou já está completamente domesticado?

— Bom, ele deu alguma ajuda aos pobres e o país não está pior do que antes, mas o governo vive atolado na corrupção. Quer dizer, a direita e a mídia dizem isso.

— Normal.

— Ninguém vai para a cadeia.

— Parece um sistema interessante.

— A massa miserável não acha.

— Eles não vivem felizes nos trópicos?

— É, Michel, como diz aquela música cantada pelo Charles Aznavour, "Il semble que la misère serait moins penible au soleil", deve ser isso que queres dizer, não?

— Sim, não, depende da tua temperatura...

Batemos em retirada, cada qual para o seu canto, em busca de um pouco de repouso. Cláudia já estava no quarto. Ao sairmos do elevador, Michel me fez uma pergunta inesperada. No seu rosto iluminado por um sorriso diferente — safado, lúbrico, diabólico? — brilhava uma sacanagem qualquer. Eu já o ouvia perguntando em tom neutro, cirúrgico, asséptico:

— Já fizeste sexo grupal?

— Já. Achei aquilo uma suruba.

Michel Houellebecq manteve-se um cavalheiro. A pergunta que emergiu de sua boca maliciosamente sorridente era ainda mais desconcertante e imprevisível:

— Tu preferes mesmo os lobos-marinhos aos pinguins?

21

No quarto, depois de ver imagens e discursos da posse de Cristina Kirchner e de cortar as unhas dos pés, tive um diálogo curioso com Cláudia. Tentamos definir a personalidade de nosso companheiro de estrada. Havia uma leve diferença de perspectiva entre nós sobre ele.

— Ele é um sujeito cativante, Cláudia.

— De vez em quando, tem uma cara de louco.

— Todos temos, certamente, só que não nos vemos.

— Ele tem mais. Chega a revirar os olhos.

— Não sejas implicante.

— Não estou implicando. Estou cada vez mais apegada a ele. Só que de vez em quando ele parece sair do ar.

— Deve ficar tendo ideias. O cara é um gênio.

— Será que é meio tarado?

— Por que isso, Cláudia?

— Sei lá, ele tem umas ideias estranhas.

— Que nada, é só um francês que deve ter lido Sade em demasia. Aposto que nunca usou um chicote na cama.

— Sei, não. Desses escritores se pode esperar tudo.

— O cara é muito boa gente, Cláudia.

— Isso eu sei. Às vezes, dá vontade até de pegar no colo, principalmente quando ele fica cheirando aquele paninho... Se bem que também dá um pouco de nojo essa mania de cheirar lenço sujo. Sei lá, é muito estranho.

— Não acho. Creio que é um cara que sofreu na vida, foi meio abandonado pelos pais, sofreu humilhações num internato, comeu o pão que o diabo amassou, batalhou para estudar e, num determinado momento da guerra, depois de um casamento fracassado e de perder o emprego, caiu em depressão e parece que foi internado. Agora, aqui entre nós, quando deu a volta por cima, meu Deus do céu, aí foi uma virada e tanto, como se diz no futebol, um chocolate, uma goleada, um golaço de bicicleta. Virou o escritor mais importante da França na atualidade. É mole?

— Tudo bem, Juremir, o cara tem talento, já vendeu um monte de livros, sabe provocar, é craque em ironia, nem por isso deixa de ser meio estranho, esquisitão.

— Já disseste isso antes.

— Claro. Já tivemos essa conversa antes.

— Acho que ele fica provocando, exercitando seu senso de humor o tempo inteiro, numa boa.

— Acho que atira verde para colher maduro...

— As fotos dele são ótimas.

— Aí não tem discussão, nem se fala, muito melhores do que as tuas. Ele não corta a cabeça da gente.

— Grande coisa. As fotos ficam convencionais.

— O Baudrillard não cortava a cabeça das pessoas e tu não achavas as fotos dele convencionais.

— Cada um com o seu estilo.

— O teu é o fora de foco.

— Acho que Houellebecq é um deslocado social. Ele gosta de conversar. Fazia tempo que eu não encontrava alguém tão interessado em ouvir e em responder.

— Mais em ouvir do que responder.

— Ele fala um monte. Depois que liga o botão da fala não para mais. Vira um tagarela. Parece programado.

— Só para quando dorme na mesa. Que gracinha!

— A literatura o salvou da depressão. Graças à literatura ele passou a existir. Isso é maravilhoso.

— Por que será que ele agora quer ser cineasta?

— No fundo, todo artista quer ser múltiplo. Antes, quase todo escritor fazia de tudo um pouco, contos, romances, poesia, crônica, drama, tudo. Foram os modernos que inventaram essa conversa-fiada da especialização. O cara quer mais é experimentar novas linguagens. Além disso, ele estudou numa escola de cinema em Paris.

— Vai ver que é isso mesmo. Agora, que ele tem uma cara de... Como é que tu falas mesmo? Como é que tu chamas aquele louquinho que tinha em Livramento?

— O Louquinho da Casa Castro.

— Esse mesmo.

— Como é que tu, nascida em Alegrete, podes saber? Tu não conheceste o Louquinho da Casa Castro.

— Bem, de tanto te ouvir falar, já conheço.

— Ok. Gosto cada vez mais de Houellebecq.

— Eu também.

— Falando nisso, está quase na hora da janta.

— Nossa, como se come na Patagônia. Deve ser para espantar o frio. De tanto comer cordeiro patagônico, vou acabar virando um daqueles lobos-marinhos.

— Fica tranquila, tu serás sempre, como diziam os caras lá no Marrocos, lembra?, uma gazela.

Cristina Kirchner continuava falando com a voz trêmula de emoção. Não, ela não estava disputando com Fidel Castro e Hugo Chávez o título de discurso mais longo. Eu é que estava vendo pela vigésima vez a mesma reportagem. Atrás dela, Néstor era um pinguim perfeito.

22

O jantar foi marcado pela descoberta de uma nova faceta de nosso companheiro de viagem: as imitações. Quando abrimos a terceira garrafa de um Terrazas Malbec, como acompanhamento para mais um cordeiro patagônico, Michel já estava completamente à vontade. Seu repertório de imitações mostrou-se amplo e muito divertido. Num dos melhores quadros, encarnou Thierry Ardisson, apresentador de um programa cultural da televisão francesa, *Rive Gauche Rive Droite*, o suprassumo do esnobismo parisiense. Ardisson, sempre de preto e com gel no cabelo, tem uma voz grave e fala escandindo as palavras, paradoxalmente com velocidade, como se quisesse evitar problemas de dicção ou como se tivesse acabado de cheirar cocaína e não pudesse desacelerar, restando-lhe zelar pela boa pronúncia com esmero nas curvas.

— Temos aqui Juremir Machado da Silva, é bem esse o seu nome, não?, que vem do Brasil. Ele tem uma ligação muito forte com a França — começou Michel, antes de uma correção de rumo. — Não, não é assim que ele diz...

— Nossa, parecia que era ele falando — disse Cláudia.

— Temos aqui Juremir Machado da Silva, é bem esse o seu nome, não?, que vem do Brasil, onde ele usa vários bonés ao mesmo tempo, é jornalista, professor e escritor. Ele tem relações muito particulares com a França...

Era de se mijar de rir. Michel entabulou comigo uma conversa de uns 15 minutos nesse tom televisivo. A "entrevista" terminou com uma despedida triunfal:

— Obrigado, Juremir Machado da Silva, que vem do Brasil e com quem nós falamos de literatura, de cultura e de viagens. *Et c'était très bien pour tout le monde.*

Sobrou para o presidente Nicolas Sarkozy e para o filósofo Bernard-Henri Lévy com quem Michel nos confessou que estava preparando um livro que seria o grande golpe de marketing de 2008. Por fim, foi a vez de PPDA, que ainda apresentava o *20 Horas*, o telejornal mais visto da França. PPDA, mais de 20 anos no ar, masca um pouco as palavras e olha ligeiramente para baixo como se estivesse intimidado. A imitação de Michel era perfeita.

— Pelo jeito tu nunca perdes o jornal do PPDA?

— Houve uma época, Cláudia, em que o único rosto, entre todas as celebridades francesas que eu realmente reconhecia, era o do PPDA. Acho que isso diz tudo.

— E Claire Chazal? — perguntei.

— O Juremir ama a Claire Chazal — zombou Cláudia.

— Eu estava na França quando ela começou a apresentar o *20 Horas* dos finais de semana. Acompanhei seu percurso, inclusive seu caso com PPDA, de quem tem um filho. Cheguei a ler um romance que ela publicou.

— Puxa, que coragem! — debochou Michel.

— Foi por fidelidade a ela que eu li o livro.

— PPDA também é romancista.

— Problema dele, Michel.

— No Brasil, a Claire Chazal não emplacaria na televisão — alfinetou Cláudia como sempre fazia quando o assunto era esse. — Sempre pareceu meio velhota.

— Ela sempre me pareceu sem sal — definiu Michel.

— Gosto é gosto, meus caros. Ela tem um ar maravilhoso de bruxinha. Que posso fazer se me agrada?

— Sou mais a Fátima Bernardes — provocou Cláudia.

— Quem é essa?

— A apresentadora do *Jornal Nacional*, da Rede Globo, o *20 Horas* brasileiro. Ela é casada com o apresentador do mesmo jornal, o William Bonner. Formam uma dupla, o casal perfeito — explicou Cláudia.

— Que bonito! — exclamou Michel.

— Tiveram trigêmeos — acrescentou Cláudia.

— Hummm... E dá tempo de apresentar o jornal?

— Ela é totalmente sem sal — declarei, quando encontrei espaço para impor meu julgamento.

— Ah, bom! Eu pensava que no Brasil só ninfetas podiam aparecer na televisão. Estou decepcionado.

— Ao contrário, os apresentadores de maior audiência são, em geral, velhos, gordos e feios. As modelos que apresentam programas ganham muito dinheiro, mas não conseguem grande público. Uma forma de manter o emprego é casar com o dono da emissora. Ou com o patrocinador.

— Não exagera, Juremir.

— Ora, Cláudia, nunca fui tão ponderado.

— Hummm...

— É o mundo pós-68, a "sociedade do espetáculo" — teorizei, esvaziando mais uma taça de vinho argentino.

— Ah, não — disse categoricamente Michel. — Foi o rock que mudou, para o bem ou para o mal, o mundo, não 68.

Onde outros veem a marca de maio de 1968, com as utopias dos estudantes sendo transformadas em realidades insuperáveis e necessárias, Houellebecq vê exclusivamente a ação revolucionária do rock, algo que me escapa por completo na medida em que não ouvi Beatles na adolescência, descobri Janis Joplin, Jimi Hendrix e a maconha com quase 20 anos de idade e só prestei atenção a uma música dos Rolling Stones quando eles fizeram um mega-show nas areias de Copacabana, no Rio de Janeiro, em 2006, quando eu já estava mergulhado na crise dos 40.

— Que música? — perguntou Michel, visivelmente encantado com minha ignorância sobre rock.

Eu sempre gosto de exagerar esse desconhecimento, de resto, quase total, para salientar o meu deslocamento neste mundo em que vivemos e para divertir meus amigos.

— Aquela, a mais famosa? — gaguejei.

— "Satisfaction"?

— Essa mesma, Michel. Essa aí...

Michel começou a cantar. Não perdia muito em carisma para Mick Jagger, estrela que jamais o fascinou. Faltava-lhe, porém, a indumentária e o ar de cretino. Provoquei-o a tentar sorte no papel de John Lennon. Entre uma canção e uma imitação, inventamos um pequeno jogo. Imaginar o que estariam fazendo naquele momento gente como Bento XVI, Bin Laden, Mick Jagger e o Dalai Lama. Só me recordo da hipótese emitida por um de nós a respeito de como Bin Laden estaria empregando seu tempo:

— Batendo punheta em cima de uma *Playboy*.

Não era muito original, convenhamos. O vinho estava devastando rapidamente nossa criatividade, o que nos liberava para rir de qualquer coisa e até mesmo de coisa alguma. Tudo nos parecia divertido e surpreendente. Até quando eu perguntei a Michel, com o mais sério ar jornalístico, algo que poderia ser mal interpretado, embora ele tivesse falado disso em revistas de grande tiragem e sem a menor cerimônia ou qualquer pudor:

— Tu já praticaste mesmo muito sexo grupal?

— Sim, acho que posso falar assim. Fiquei com a impressão de que tudo não passou de uma grande suruba.

O ambiente era o mais propício possível para revelações e confidências. Eu sentia que algo viria à tona nos amarrando uns aos outros para sempre. Era só uma questão de mais alguns minutos e de mais algumas taças de vinho. Nenhum tabu poderia resistir a mais uma sessão de diálogos patagônicos e magalhânicos. Restava saber o teor do que estava por vir. Eu sou capaz de sentir uma novidade arrasadora no corpo. Fico arrepiado antes do tempo. Antes da meia-noite, no auge de nossa cumplicidade e da atmosfera favorável aos segredos, descobrimos que havia entre nós três, reunidos pela literatura na Patagônia, em torno de uma garrafa de vinho escolhida por critérios de sonoridade do nome, um ponto em comum indelével e indestrutível, uma espécie de marca de identidade tribal ou de um sinal tatuado na pele dos membros de uma seita desconhecida: Alliance Voyages.

— A gente estudava na Aliança Francesa, no Boulevard Raspail, ao lado da Alliance Voyages, pegava o caderninho com todos os programas de viagem e ia matando um a um aos fins de semana e nas férias — recordou Cláudia.

— Eu também explorei quase todos os percursos da Alliance Voyages — declarou Michel, sem tentar disfarçar.

— Fizemos uma parte considerável da Europa, quando o dinheiro era curto, viajando naqueles ônibus coloridos da Alliance Voyages — eu disse. — Nossa primeira viagem foi à Bélgica e à Holanda. Eu fiquei chocado em Amsterdã...

— Com as mulheres nas vitrines?

— Claro, Michel.

— Engraçado, eu sempre achei normal aquilo. Quer dizer, extremamente funcional e adequado ao clima.

— Os europeus são libertinos — provoquei.

— É mesmo? Pois eu sempre os achei puritanos.

— Certo é que quem fez aquelas excursões de pobre da Alliance Voyages fica marcado para sempre, Michel. Nunca vi nada mais multirracial do que um ônibus daqueles. Uma semana batucando entre Paris, Roma, Florença e Veneza é uma experiência antropológica inesquecível e forte. Aprende-se muito sobre arte, renascimento, barroco, ascensão e queda do império romano, costumes diferentes e até sobre chulé e outros odores nacionais ou universais.

— Concordo, Juremir. Eu completei a minha formação cultural sobre a Europa sacolejando nos ônibus da Alliance Voyages — confidenciou Michel, solenemente.

— Talvez tenhamos nos cruzado nalgum trajeto desses nos anos 90 — especulou Cláudia.

— Nosso sonho era passar da Alliance Voyages para a Nouvelles Frontières, do ônibus ao avião — eu disse.

— Hummm... Bem pensado, acho que Alliance Voyages me marcou mais do que Nouvelles Frontières.

— Em nosso caso também, com certeza. Passar da Alliance Voyages para Nouvelles Frontières era uma questão de ascensão social ou de se ter a carteira mais forrada, ou seja, sair do atoleiro — precisei.

— Eu ainda não estava em condições de ascender — considerou Michel. — Só não queria ficar parado.

— Tu seguias obedientemente o guia com a bandeirinha? — perguntei só para sacanear.

— Nem sempre tinha isso. Enfim, eu me arranjava. As confidências jorravam. Éramos praticamente de uma mesma geração. Estávamos para sempre unidos por um vínculo indissolúvel, profundo e de consequências inegáveis. Pertencíamos ao seleto grupo dos que haviam conhecido a Europa em excursões baratas. Depois, naturalmente, tínhamos refeito várias vezes todos os percursos, conforme as suas especificidades, de avião, carro, trem, navio, a convite, a trabalho, em férias, para ver um quadro de Vermeer... Nossa ascensão social, mais ainda a de Michel Houellebecq, fora vertiginosa e poderia servir de modelo aos que perdem a fé. A prova disso era irrefutável: estávamos, enfim, no grupo dos que fazem excursões caras e à la carte para debater sobre pinguins. Entidades como o Lions Clube, o Rotary, a Associação Cristã de Moços e outras do gênero deveriam nos convidar para dar palestras edificantes e motivadoras aos jovens. Afinal, éramos grandes motivadores.

— Hummm... Olhando agora para trás, posso dizer que fui feliz naqueles tempos de Alliance Voyages — entregou Michel, com nítida sinceridade na voz.

— Eu fui muito feliz — emendou Cláudia.

— É. Dava para conhecer muita gente. Hoje, eu tenho a impressão de que viajar é a melhor forma de não precisar falar com ninguém. Numa viagem bem organizada, cá entre nós, não se conhece muita gente, salvo garçons e motoristas de táxi — lamentei.

— Não, não necessariamente — contestou Michel.

— A dois, talvez — conjeturou Cláudia. — Quem viaja sozinho certamente encontra muita gente por toda parte.

— Tenho dúvidas — teimei. — O sujeito que acha que viajando vai comer um monte de mulheres gostosas, volta para casa, em geral, invicto. As mulheres fogem de um cara sozinho. Todo cara sozinho tem ar suspeito. O cara só come muita gente se for aos lugares apropriados e pagar. Nesse caso, se me permitem, não precisa viajar.

— Eu já conheci muita gente em viagem — sustentou Michel, coçando a cabeça como uma criança morta de sono enrolando o cabelo antes de dormir. — Gente interessante.

— E comeste alguém?

— Ah, sim. Isso me aconteceu.

— De graça?

— Sim, dá para dizer isso, se bem que existem pagamentos indiretos ou, enfim, cada um pode se sentir recompensado com diferentes formas de pagamento.

— Viajar é cada vez mais um mito da indústria do turismo. A pessoa compra um pacote e acha que vai encontrar aventura, sexo, felicidade e novidade por toda parte, tudo isso com segurança, conforto e preço bom — dissertei. — Todo turista é um iludido em potencial.

— Pode até ser — suspirou Michel. — Que fazer? As férias são longas, os feriados também, a jornada de trabalho não para de diminuir. Precisamos nos mexer.

— Foi numa excursão da Alliance Voyages que nós fomos a Florença, onde eu me deslumbrei com a bundinha do Davi do Michelangelo — deixei escapar. — Escrevi um artigo sobre isso e uma mulher ficou indignada comigo.

— Que coisa! Nunca tive qualquer atração especial pela bunda do Davi — observou Houellebecq.

— Ela é bem durinha.

— É de pedra.

— Parece de verdade.

— Ah, isso parece. O artista tinha algum talento. Enfim, cada qual com suas preferências. Não serei eu a julgar. Já vi bundas mais atraentes em Florença.

— Não tão famosas, aposto.

— O.k. Entrego os pontos.

— Deixa pra lá, cara. Não vamos brigar por uma bunda tão antiga e que já foi vista por tanta gente.

— Eu conheci Dublin numa excursão da Alliance Voyages — confidenciou Michel. — Fiquei deslumbrado.

— Então não foste para Dublin fugindo do fisco?

— Com certeza essa primeira visita contou mais.

— Alguém ainda vai fazer uma tese sobre a influência da Alliance Voyages na construção do teu imaginário sobre o turismo e na visão de mundo de alguns dos teus personagens. É um assunto que promete — arrisquei.

— Seria preciso escrever também sobre a importância dos supermercados Monoprix na minha vida.

— Um assunto é mais palpitante do que o outro. Na minha vida parisiense, o supermercado Inno foi decisivo. No começo, claro, só dava lojas Tati e supermercado Ed.

— Vocês estavam no rodapé da hierarquia social.

— Tu também, não?

— Provisoriamente.

— Era também o nosso caso. Depois que virei correspondente de um jornal brasileiro em Paris, o jogo mudou. A vida de bolsista era dura demais.

— Imaginem só a de agrônomo poeta.

— Eu precisava escrever sobre assuntos bizarros: voleibol, salões de automóveis, coisas assim. Uma vez, me mandaram para o Salão do Automóvel de Genebra. Comprei todas as revistas especializadas que encontrei e li no trem. Escrevi textos memoráveis. Pena que hoje, quando os releio, em domingos de chuva, não entendo coisa alguma.

— Eu também já me servi muito de revistas para construir certas situações em meus romances. Continuo satisfeito com os resultados. Ficou consistente.

— No começo, Michel, é preciso fazer coisas malucas para sair do isolamento e tentar entender um lugar.

— Por exemplo?

— Em Paris, nos primeiros tempos, perdidos e tristes, Cláudia e eu íamos a enterros de celebridades.

— Ah, bom! De quem?

— Fomos à missa de corpo presente de Marlene Dietrich na Madeleine... Ao enterro de Yves Montand...

— Hummmmmm...

— Eu estava plantando memórias para o futuro — falei.

— Eu tive uma fase dura — murmurou Michel. — Ela foi proveitosa. Li muito. Durante cinco anos praticamente só comi baguete com queijo.

— Mesmo os mais fedorentos? — quis saber Cláudia.

— Sou um especialista em queijos — riu Michel.

— A gente, no início, só conseguia comer Comté, que é limpinho. Aqueles mais podres davam vontade de vomitar.

— Ora, Cláudia, é só uma questão de refinamento. Ou de necessidade — explicou Michel, bocejando.

— Tu não tens medo de morrer andando comigo, Michel?

— Deveria ter? Não te vejo como serial killer.

— Eu engano bem. Já matei vários franceses.

— Quem?

— Não quero te assustar muito. Vou citar alguns: Félix Guattari, Gilles Deleuze, Jean-François Lyotard.

— Deleuze se matou.

— Eu sei. Por minha causa.

— Ah, bom!

— Bastava eu marcar uma entrevista com um grande intelectual francês para o sujeito morrer. Com Guattari, marcamos com um mês de antecedência e fomos para a Grécia. Em Paros, soube pelos jornais da morte dele.

— Foi uma coincidência.

— Tu achas? Conheces aquele ditado chinês? Se um cavalo ganha uma corrida é sorte; se ganha duas, é coincidência; se ganha três, aposte nele.

— Tu és uma ave de mau agouro?

— Acho que sim. Depois de muito insistir, consegui uma entrevista com Gilles Deleuze. Não é que dois dias antes do nosso encontro ele se jogou pela janela?

— Hummm...

— Com Lyotard foi ainda pior. Digamos que foi tragicômico. Conversamos muito por telefone. Ele fazia com que eu me sentisse inteligente, quer dizer, genial, uma façanha. Marcamos um encontro. Fomos até a casa dele. Batemos. Ninguém abriu. Insistimos.

Não teve jeito. Retornamos decepcionados. Foi aí que vimos na televisão a notícia da morte dele. Meia hora depois, a mulher dele ligou e, muito gentilmente, desculpou o marido pelo ocorrido e me explicou que ele não poderia mais me receber. Nada achei de inteligente para dizer.

— Pensando bem, tu tens um ar realmente perigoso, assustador. Eu deveria ter desconfiado dessa ideia de vir ao fim do mundo. Vou tomar cuidado contigo.

— Nossa, Michel, tu és bom de papo mesmo.

— Sou bom também de silêncio.

— Uma coisa que me horroriza — eu disse — é alguém ter de pagar para ser ouvido. Acho que é por isso que escrevo. Tudo aquilo que não consigo contar, coloco nos meus romances. Ninguém lê, claro. Ao menos, eu não gasto com psicanalista. Às vezes, fico com muita vontade de contar algo para um amigo. Depois, reflito e desisto. A menor observação durante o relato pode me desanimar. É realmente triste ter de comprar hora de um psicanalista.

— É idiota — sentenciou Michel.

— Ainda bem que se pode escrever — insisti.

— A arte é isso. Eu penso assim. Uma forma de expressão livre que ajuda a transfigurar a banalidade da existência — filosofou Michel. — Ou não é arte.

— Arte é transgressão?

— Hummm... Ao fim e ao cabo, sim.

Nossa bebedeira era uma obra de arte. Somente Cláudia sabia o caminho de volta, que consistia em atravessar a alameda e entrar no pavilhão em frente. Michel, depois de dormir na mesa, perdeu a capacidade de distinguir as cédulas argentinas. Eu tentei cantar um tango. Fui dissuadido pelo olhar suplicante do garçom.

23

A guia foi categórica: "Vir à Patagônia e não conhecer Perito Moreno é como ir a Roma e não ver o Papa ou gostar de futebol e não ter ouvido falar em Maradona." Não tínhamos o menor interesse em perder o passeio a Perito Moreno, nem de entrar em disputas nacionalistas por causa do futebol. Michel, a meu ver, entende pouquíssimo desse assunto tão relevante, embora certamente fosse escolher Zidane. Eu, pelo legal da provocação, na Argentina, defenderia Pelé. No Brasil, faria exatamente o contrário. Em Porto Alegre, em sua desconcertante palestra, Michel havia defendido o futebol como substituto da guerra ou como instrumento de sublimação das energias agressivas naturais. Foi uma boa maneira de adular os brasileiros. Em todo caso, futebol e religião são duas formas bastante eficazes de domesticação dos piores instintos humanos, salvo quando os efeitos perversos se tornam dominantes e arrasadores, algo que só acontece, em geral, uma vez por semana.

No caminho para ver o "papa" do gelo, esse Perito Moreno colossal e incontornável, o céu ofereceu-nos gratuitamente uma antecipação do paraíso ou, em termos ainda mais convencionais e comerciais, um cartão-postal do paraíso: um lindo arco-íris sobre o lago Argentina. Paramos para tirar fotos. Antes dos icebergs, vimos as cores flutuando no ar. Michel e Cláudia soltaram alguns suspiros de admiração. Juro! Ali eu tive a prova definitiva de que meu amigo escritor não é um cínico. Um homem que, depois de escrever algumas obras-primas, suspira pelo arco-íris merece respeito e aplausos.

Perito Moreno revelou-se uma geleira confortável e prática. Pode-se chegar à beira dela a pé, graças a passarelas bastante apropriadas. É um véu de noiva derramando-se pelo rio. Volta e meia, ouve-se um estouro, um estampido, e blocos de gelo desprendem-se do paredão principal caindo na água. O glaciar continua em expansão. No seu movimento incessante, acaba por tocar uma das margens do rio, impedindo a fluência da água de um braço para o outro, o que eleva o nível do rio no setor represado. A água força constantemente o bloco de gelo, criando infiltrações, até que acontece um dos fenômenos mais esperados: a ruptura. Minada por dentro, a geleira explode, ou implode, gerando um efeito de fogos de artifício de puro gelo. A água retoma o seu caminho. A última ruptura foi transmitida ao vivo pela televisão.

Como não poderia deixar de ser, Michel e eu tivemos uma conversa instrutiva sobre a teimosia das geleiras e sobre a persistência brutal das águas buscando seguir o curso natural da correnteza. Embora não fôssemos especialistas em deslocamento de geleiras nem em comportamentos obsessivos, não tivemos dificuldade para admitir que o terrível combate da geleira com a água do rio poderia e deveria ser aproveitado como imagem edificante em livros ou cursos de autoajuda.

— A geleira também é água — ponderou Michel.

Dei a mão à palmatória. Não havia contra-argumento possível. Só me restava acatar a observação e usá-la.

— É uma luta entre dois irmãos siameses, a água e o gelo, o estado líquido e o estado sólido da mesma coisa.

— Um se transformando no outro para perpetuar o combate — concedeu Michel, sempre aberto a contribuições e visivelmente contaminado pela originalidade das nossas descobertas de cunho psicológico e antropomorfizante.

— É uma tragédia digna de Racine ou de Corneille — arrisquei, totalmente deslumbrado com essa hipótese.

A verdade é que a visita a Perito Moreno nos permitiu levantar dados comparativos das realidades europeia, asiática, africana e latino-americana altamente relevantes para o desenvolvimento do turismo globalizado. Digo mais, informações capazes de invalidar o etnocentrismo europeu, quer dizer, o eurocentrismo, que tanto mal causou ao mundo e, em especial, à América Latina, desde que os espanhóis desembarcaram por aqui dispostos a civilizar os índios com base na política salvacionista e piedosa da cruz e da espada. Depois de nos fartarmos com as imagens da geleira e de tirarmos centenas de fotografias em pose de turistas inteligentes e cultos, fomos ao banheiro. Em nome do realismo e da perfeita cronologia dos fatos, devo dizer que eu fui primeiro, movido por uma terrível necessidade de expelir a água mineral com gás em quantidades cavalares que eu havia ingerido na noite anterior para ajudar a passar suavemente as garrafas sucessivas de Terrazas Malbec.

Michel me encontrou quando eu já estava voltando do mictório. Sempre que acabo de urinar, depois de um longo aperto, sinto-me como um Gene Kelly cantando na chuva. É uma confissão que certamente encantará os leitores desejosos de ir ao fundo da intimidade de um autor. Fiquei nas escadas esperando que Michel, pressionado pelo mesmo combustível que eu, se aliviasse também. É sempre comovente e elegante esperar um escritor famoso urinar. Ainda mais tendo à frente a falta de medida de Perito Moreno. Alguns acompanhantes, de todos os sexos imagináveis, chegam a um excesso de zelo, praticamente se oferecendo para ajudar na operação, da maneira que se pode imaginar, ou, ao menos, querendo estar presentes ao momento, como se diria em francês, de "*jaillissement*" do líquido dourado. Apesar de minha imensa admiração por Michel Houellebecq, quase tão grande quanto Perito Moreno, não me dispus a compartilhar um momento tão íntimo assim. Escolhi respeitar sua privacidade.

Quando ele saiu da zona reservada às necessidades fisiológicas masculinas, após uns dez minutos de recolhimento, de resto, rigorosamente na média internacional, estava — creio que esta expressão não peca por exagero ou impropriedade — transfigurado. Havia mais luz do que nunca em seu rosto lunar e travesso. Um sorriso maroto recortava-lhe os lábios de fora a fora. Os olhos claros cintilavam como um bloco de poliestireno gelado e patagônico. Acho que nunca vi Michel Houellebecq tão bonito. Preparei-me para ouvir algo decisivo, fruto da sua impecável capacidade de observação. Como sempre, meu amigo e escritor predileto não me decepcionou.

— É um banheiro de Primeiro Mundo — disparou.

— Muito limpo — colaborei.

— Mais do que isso, sejamos justos, é espaçoso, limpíssimo, quase transparente, chique, elegante, tudo nele brilha, cada material, é extraordinário.

— Ponto para os argentinos — admiti.

— Riquíssimo — completou Michel.

— É bom mijar com classe — concluí. — Não é por acaso que os ricos não mijam em qualquer lugar. Faz sentido.

— Eu nunca imaginei que existissem banheiros assim, no Terceiro Mundo, à disposição dos turistas — confessou Michel, com uma mescla de solenidade irônica na voz.

— Eu não te falei que a Patagônia nos surpreenderia?

— Certo, claro, eu só não esperava tanto.

— Vocês europeus continuam etnocêntricos — alfinetei.

— Não. Nada disso. Tanto que reconheço os méritos dos outros povos, como esse banheiro, facilmente.

— Conheces o paradoxo do etnocentrismo, Michel?

— Já vou conhecê-lo, não?

— Pois é, acho que não tens mais como escapar.

— Estou pronto.

— É o mesmo da superioridade moral do homem sobre os animais. Por que o homem não deveria sacrificar animais, já que os animais, segundo a cadeia alimentar, sacrificam outros animais e não se furtariam a comer uma menininha?

— Não sei. Se for ovelha ou lobo-marinho...

— Porque o animal age por instinto. Não tem consciência do que faz. Cabe ao homem ser moralmente superior e não cometer aquilo que o animal comete.

— Conclusão?

— Mesmo quando o homem não quer se julgar superior aos demais animais, comete antropocentrismo, pois só ele pode tomar a decisão de não cometer tal ato.

— Hummm...

— Com o etnocentrismo é a mesma coisa. Por que não podemos julgar, criticar e condenar os valores de outra cultura quando essa outra cultura julga, critica e condena os nossos? Não podemos para não sermos etnocêntricos. Ora, a outra cultura é etnocêntrica...

— Não devemos cometer o mesmo erro...

— Ou seja, perdoemos, pois eles não sabem o que fazem. Em consequência, por não nos considerarmos culturalmente superiores aos outros, devemos nos sentir moralmente superiores, magnânimos, generosos... Esse outro, porém, não é só uma tribo recém-descoberta nos confins da Amazônia, mas, por exemplo, os árabes.

— Hummm... Não existe etnocentrismo algum quando se trata de um valor universal. Existe ideologia ou superstição — cortou Michel, ainda contemplando a descida para o banheiro impressionante e imaculado.

Sem dúvida, foi uma das conversas de saída de banheiro mais originais que eu já tive. Perito Moreno estava logo ali. No estacionamento, carros e ônibus disputavam espaço. Turistas maravilhados tagarelavam em várias línguas. A babel do turismo mostrava-se palpitante e bem-sucedida. Michel Houellebecq e eu acabávamos de viver uma experiência intercultural inesquecível. Em poucos minutos e em dois jorros individuais e intransferíveis, havíamos passado por uma situação de estranhamento, de "entranhamento", no bom sentido antropológico desse termo, nada mais, de choque cultural e de reflexão no nível mais abstrato e filosófico possível. Sob certo aspecto, fora mais uma "*conversation animalière*", só que com um cenário radicalmente novo.

Pegamos um barco para ver a geleira Perito Moreno por outro flanco. O deslocamento não foi longo nem chique. Não havia espaço VIP. Ficamos meio perdidos. A bordo, Michel e eu, por razões incontornáveis que logo revelarei, tivemos uma conversa sobre filhos e outra sobre religião, sem contar uma discussão que, na falta de rótulo mais conveniente, designarei como atinente a um ramo da urologia. Decididamente nunca o turismo foi brindado, numa mesma viagem, com tantas reflexões superiores e ricas sobre tantos temas cruciais para o futuro da humanidade. Um menininho começou a chorar dentro da embarcação feito um possesso. Nada o consolava. Jamais ouvi grito mais agudo e continuado. Cláudia estava na parte de fora, junto à amurada, metralhando a paisagem com a sua infatigável e poderosa câmera digital.

Os pais do guri infernal tentavam silenciá-lo da maneira menos retumbante possível e de acordo com os preceitos em voga na cultura ocidental, mesmo no fim do mundo. Queriam evitar um escândalo ainda maior, como se fosse possível, ou limitar os decibéis da choradeira. Era visível que tinham vontade de esganá-lo ou, ao menos, de amordaçá-lo. Sentiam-se, contudo, impedidos pelo fato de que essas duas alternativas já não são recomendadas pelas mais modernas técnicas pedagógicas para lidar com crianças endiabradas. Ao menos, segundo o que se pode intuir, diante de um público esclarecido como o das pessoas que fazem turismo na Patagônia e discutem sobre a existência de Deus e sobre a diferença entre pinguins e lobos-marinhos. Imaginei que Michel estivesse refletindo sobre os efeitos nefastos de maio de 1968 na educação infantil. A mãe da criança resolveu apelar para o humor na esperança de sair da enrascada com os louros da aplicação de uma pedagogia lúdica e sem punições.

— Por que não te calas? — ela perguntou, provocando o garoto com uma referência explícita ao ainda fresco e divertido episódio do cala a boca dado pelo rei da Espanha ao refestelado e gritão ditador da Venezuela.

O menino não se deixou impressionar. Ou ele não conhecia o fato, divulgado fartamente em todas as redes de televisão, inclusive nos intervalos das programações infantis, e não pôde captar a intertextualidade da fala materna ou era francamente favorável a Hugo Chávez, hipótese que me pareceu altamente provável na medida em que o berreiro se tornou ainda mais intenso depois dessa réplica infeliz da bem informada e bem-humorada, embora não menos desesperada com a situação, senhora de língua espanhola. A verdade é que o berreiro começava a representar um perigo ecológico, visto que poderia facilmente provocar uma ruptura na parte central de Perito Moreno. De resto, o número de pequenas explosões não parava de aumentar e a tragédia era iminente. Impotente, a mãe repetia para riso geral:

— *Por que no te callas?*

O diabinho subia imediatamente uns 20 decibéis estridentes. Raras vezes, salvo quem sabe escutando Maria Callas, ouvi um agudo tão cristalino. Foi num momento desses que Michel Houellebecq me fez um sinal com o dedo indicador direito para que eu me aproximasse dele. Eu o fiz de imediato, embora sem entender, pois, de costume, ele já fala muito baixo. Quando nossos rostos quase se tocaram, numa sorte de cumprimento de certas aves, ele sussurrou o mais baixo que pôde, num fio de voz:

— Podes me fazer um favor?

— Espero que sim.

— É só uma questão de vontade...

— Muito bem, o que desejas?

— Podes jogar essa criança no mar para mim?

— Com uma boia ou sem?

— Melhor sem. Ou vamos continuar ouvindo os gritos.

Apesar da sensatez do pedido, em consonância, certamente, com o desejo da maioria a bordo, tive de recusar. Foi duro. Cheguei a hesitar. Eu nunca havia recusado coisa alguma a Michel. As imagens, porém, da prisão, transformada em museu, de Ushuaia me dissuadiram. Eu não queria ser confundido com o Petiço Orelhudo. Além disso, sou muito friorento. Pedi desculpas sinceras ao meu amigo pela indelicadeza que os costumes ocidentais e a moral cristã me obrigavam a praticar contra todas as normas de civilidade. Ficaria em dívida com ele.

— Cláudia quer um filho — eu disse.

— Recuse.

— Não posso. Eu também quero.

— Tu ouviste o barulho que um filho faz?

— Sim. Mas passa. Acho.

— Qual é o problema então?

— Demoramos para tomar a decisão. Meus espermatozoides são discípulos de Rubinho Barrichello.

— Quem é esse?

— O cavalo do comissário.

— Ainda dá tempo de mudar de ideia.

— Tu tens um filho, Michel.

— Eu sei.

— Vocês não se entendem bem?

— Não convivemos muito.

— Tu lamentas?

— Hummm...

— Esse assunto te aborrece?

— Que vais fazer para turbinar os teus espermatozoides e conseguir a tempo alguém para gritar como um possesso nos teus ouvidos 24 horas por dia?

— Acho que vamos recorrer à inseminação artificial.

— Podem vir seis filhos de uma vez só.

— Nesse caso eu estaria numa boa enrascada. Teria de fugir de casa ou jogar alguns no mar. Não vai acontecer isso, eu sei. Confio na cautela dos meus espermatozoides. Eles não são loucos de me aprontarem uma dessas.

— É. Sempre se pode fazer como era costume de se fazer com os gatos em certa época mais liberal.

— Eu mesmo fiz isso quando era adolescente. Tenho prática. Gatinhos e cachorrinhos não proliferavam. Agora tem cachorro sendo levado em carrinho de bebê.

— Mesmo? Eu adoraria ver isso.

— Não quero ficar sozinho na velhice, Michel.

— Que bobagem! Os filhos se mandam antes ou te botam num asilo. Quer dizer, numa casa de repouso. Melhor juntar dinheiro para contratar uma enfermeira.

— Acho que vamos correr o risco.

— Comprem um gato.

— Não gosto de bichos soltando pelos no meu sofá.

— Um cachorro.

— Não tenho vocação para levar cachorro para cagar na rua. Merda por merda, se eu tiver de escolher, prefiro a de criança. É um ponto de vista, digamos, humanista.

— Hummm... As cagadas dos filhos podem se tornar maiores e mais graves com o passar do tempo...

— Ter um gato ou um cachorro é ter um filho sem a responsabilidade que isso implica. É filho de substituição — falei, mais por implicância com gente que beija cachorro na boca, dorme com gato, adora bicho.

— Aluguem uma criança para brincar de papai e mamãe.

— Não temos esse serviço no Brasil.

— País atrasado.

— Já temos bons serviços de entrega de pizza e até de drogas. Eu só peço pizzas, embora, pelo que me disseram, seja bem mais demorado e muito mais caro.

— Bom, eu avisei.

— Seja o que Deus quiser.

— Como saber o que ele quer ou não?

— Creio que só falando com seus representantes na Terra, Michel. Ou tentando interpretar seus sinais.

— Seria tão bom acreditar numa religião.

— Tenho um amigo que diz que as religiões tradicionais são prostitutas que se tornaram respeitáveis por tempo de serviços prestados ou por decurso de prazo.

— Algumas nunca se tornarão respeitáveis.

— Meu amigo sustenta que todas as religiões são meras superstições e que as religiões monoteístas são superstições que se acham melhores do que as outras.

— É assim também com as ideologias. Tudo é uma questão de legitimidade. Só funciona para quem crê.

— Nietzsche estava errado? A humanidade é um rebanho mesmo e precisa de pastores que a conduzam?

— Talvez.

— Dizem que Deus criou o mundo, Michel. Dizem também que o homem criou Deus. Neste caso, quem criou o mundo?

— Hummm... Posso responder assim que souber?

— Combinado. Acho que posso esperar mais uma semana.

O menino resolvera dar uma trégua. Perito Moreno era uma fortaleza de gelo à nossa frente. Michel resmungava. Cláudia veio nos puxar para fora. Em vão. Estávamos num momento dialógico importante. Uma passageira abandonara ao meu lado uma revista em espanhol. Havia um artigo sobre o mito do tamanho do pênis nas relações sexuais. Dei uma lida em diagonal. O assunto era velho, embora divertido. Principalmente as opiniões dos especialistas.

— Tu achas que pau grande é documento, Michel?

— Perdão?

— Pau grande faz a diferença?

— Depende de onde vai ser usado.

— Faz ou não faz diferença?

— Não sei. Existe um imaginário sobre isso. Certas mulheres gostam. Até exigem. No mínimo sonham com isso. Melhor ser maior do que menor. O que tu achas?

— Estou satisfeito com o tamanho do meu.

— Pau grande pode não fazer a diferença em termos de desempenho, boceta grande demais faz.

— Quem tem pau maior: francês ou brasileiro?

— Hummm... Não sou especialista no assunto.

— Nem eu.

— Eu gostaria de saber mais sobre aspectos sexuais das brasileiras. Pena que nunca comi uma brasileira.

— Estamos empatados. Eu nunca comi uma francesa.

— A literatura só perderá com isso.

— É. Talvez isso nos impeça de ganhar o Nobel.

Curtimos o passeio. Quando deixamos Perito Moreno para trás o tempo estava aberto e a temperatura agradável. Pedaços de gelo desabavam provocando um ruído de fogos de artifício às nossas costas. A natureza exibia obscenamente a sua beleza. Éramos turistas satisfeitos.

No carro, quando todos cochilavam, soltei um grito desafinado, quase tão estridente quanto os do diabinho:

— Merda! Esqueci meu laptop!

— Onde? — inquietou-se Cláudia.

— No quarto do hotel.

— Nós fechamos a conta. Não temos mais quarto de hotel. Já deve ter outro hóspede naquele quarto.

— Sei, sei, já entendi, mas o computador ficou lá.

— Hummmmmm...

24

Entrei no hotel em alta velocidade. A simples ideia de não encontrar mais o meu computador me queimava os pés na Terra do Fogo. Não era o aparelho que me preocupava, eram meus arquivos. Um grilo-falante ria dentro de mim.

— Você se preocupa com o que tem menos valor — dizia.

Eu o mandava calar a boca sem a menor elegância. O momento não se prestava à crítica literária. A recepcionista lixava as unhas tranquilamente e não se mostrou aflita quando eu a interpelei com ansiedade.

— Um laptop? No quarto? Não, nada foi encontrado.

O vento gelado da Patagônia assobiou nos meus ouvidos. Eu já pressentia o incidente diplomático, pois insultos de todos os tipos contra os argentinos já se formavam na minha cabeça. Será que eles pensavam que tínhamos esquecido o roubo da Copa do Mundo de 1978?

— Ficou um em cima de um armário — insisti.

— Sinto muito. Nenhum computador foi localizado.

Michel e Cláudia olhavam-se sem encontrar palavras para me consolar ou ajudar a desbloquear a situação.

— Eu esqueci o computador no quarto — repeti.

— Um computador? — perguntou uma segunda recepcionista, surgida sei lá de onde.

— Sim. Um laptop.

— Foi achado um nesta manhã.

— É mesmo? — espantou-se a primeira.

— Vou ligar para a chefe das camareiras — disse a segunda, enquanto eu voltava a respirar e vislumbrava a salvação de três ou quatro obras-primas da literatura universal de um futuro muito próximo, visto que esperar a morte para fazer sucesso nunca me excitou.

Sentamos no elegante hall do hotel para esperar o resgate do meu precioso Mac. Uma meia hora escoou sem que as recepcionistas nos fizessem sinal. Será que haviam esquecido? Será que a chefe das camareiras já encerrara o seu turno? Será que o computador já estava na casa de alguém? Michel tirou o seu Mac da mochila e ficou conferindo e-mails. Cláudia mexia na bolsa ou folheava revistas. Eu tentava me aprofundar nos planos de Cristina Kirchner para levar a Argentina a um salto econômico. Nada, contudo, me acalmava. Quanto mais o tempo passava, mais a angústia retornava. Tentei encontrar uma explicação para o meu esquecimento.

— Cláudia me pediu para descer a mala. Aí eu inverti a ordem do que sempre faço e não me liguei no laptop.

— Ah, a culpa agora é da Cláudia! — exclamou Michel.

— Não, não foi isso que eu quis dizer. Ninguém é culpado. Quer dizer, eu sou culpado. Enfim, babei.

— Hummmmmm...

Quando eu já me sentia pronto para gritar que Maradona era uma fraude, um drogado, que não chegava aos tornozelos de Pelé, a primeira recepcionista agitou-se. Acenou. Corri para o balcão. Ela me rechaçou friamente:

— Estamos providenciando, senhor. Aguarde.

Retornei para a base furioso. Fiquei organizando impropérios contra Kirchner sob o olhar dissimulado e irônico de Michel. Se não trouxessem meu computador imediatamente eu ia chamar Kirchner de caloteiro internacional, de saqueador de velhinhos poupadores italianos e até de proxeneta político e demagogo. Eles iam ver só! Nem o FMI lhes causaria tantos prejuízos. Se não me indenizassem, caso o computador não fosse encontrado, eu partiria para a agressão mais radical, maledicente, vil e repugnante de que sou capaz. Eu diria:

— Borges nunca foi capaz de escrever um romance. E as Malvinas, quer dizer, as Falklands, são dos ingleses.

Felizmente para as relações triangulares entre Brasil, Argentina e França, a recepcionista número dois ressurgiu do nada com o meu computador nas mãos.

— Pedimos desculpas pela demora — ela disse.

— Não, que é isso, não demorou nada — afirmei.

Fomos almoçar na Libertadores, a rua principal de Kansas City, quer dizer, El Calafate. Eu imaginava John Wayne saindo de *Rastros de ódio* para tomar um uísque na Patagônia em comemoração ao sucesso da sua vingança contra os malditos comanches que haviam massacrado a família de seu irmão e sequestrado sua sobrinha. Era tarde. Tarde demais. Os restaurantes já não estavam servindo. Ficamos andando de um lado para outro absorvendo a deliciosa música do vento da Patagônia. Terra do fogo, barriga vazia. Por fim, cansados de procurar, amarramos nossos cavalos numa esquina e almoçamos numa mescla de bar e restaurante, extremamente moderno, fashion, chamado Casablanca. Tivemos de aceitar a substituição incomum de John Wayne por Bogart.

O ambiente era todo ele decorado com imagens de *Casablanca*. Sabem aquele cartaz do filme com Bogart e Ingrid Bergman imortalizados numa desesperadora aura romântica de despedida fatal? Fiquei cismado. Só poderia ser um sinal do destino. *Casablanca* é um dos meus filmes preferidos. Eu já via Michel Houellebecq cantando "As time goes by". Tudo naquele lugar perdido no riquíssimo "Velho Oeste" patagônico e magalhânico remetia ao clássico dos clássicos românticos, o melancólico *Casablanca*. O bar era uma citação em tamanho natural, intertextualidade pura, um pastiche, uma paródia, o caralho a quatro, uma imagem. Definitivamente a Patagônia era pós-moderna e nem sabia. No Casablanca de El Calafate, porém, só se ouvia rock e música eletrônica.

Decidimos radicalizar. Enfiamos o pé na jaca: pedimos sem baixar os olhos bife com batata frita. O bar estava lotado de garotos sarados e de garotinhas lindas e espevitadas. Alguns jovens tocavam piano nos teclados dos seus computadores aproveitando a conexão gratuita do Casablanca: wireless no "Velho Oeste". Tudo era tão moderno ali que os pinguins e os leões-marinhos da nossa memória recente tornaram-se imediatamente fossilizados. Estudamos detidamente a carta de vinhos e, depois de um verdadeiro concílio, resolvemos apostar num valor seguro e de excelente sonoridade: um Terrazas Malbec. Em nossa aventura de apenas uma semana estávamos desenvolvendo hábitos e rotinas com uma velocidade impressionante. Se ficássemos mais alguns dias na "área", com a mesma dinâmica social, viraríamos peronistas e torcedores do Boca Juniors. Nossa capacidade de adaptação ao meio era quase tão perfeita quanto a dos nossos amigos lobos-marinhos. Pena que nos desencontramos de Charles Darwin por uma questão de alguns anos. Teríamos contado muito para uma teoria dele sobre a involução das espécies.

Na mesa ao lado da nossa, barulhentas e felizes, três adolescentes, ou, quem sabe, com boa vontade, pouco mais do que isso, digamos, na faixa dos 17 aos 19 anos, embora com a aparência de 15, mentalidade de 11, libido e táticas provocativas de 21, pediram pizza. Michel interessou-se prontamente pelo fenômeno em questão. Sem dúvida, isso posso dizer como observador neutro e bem posicionado no campo de pesquisa, que era de fato um espetáculo incomparável a ser acompanhado de cadeira. Eu estava bem sentado. Contentei-me em observar.

As meninas riam de nada e de tudo. Veio um cara da idade delas e começou, como se dizia há algumas décadas, a rasgar o ouvido da mais loirinha. Todas elas ouviam e riam. Pareciam estar, como dizia a minha avó, com o riso frouxo. O gostosinho gastou o seu latim, quer dizer, o seu espanhol, por uns dez minutos. As três comiam pizza com as mãos e lambuzavam-se deliciosamente. Puxavam o queijo até que rebentasse e fosse se colar contra o nariz ou a boca de cada uma. Cláudia, sentada à minha frente, observava-as de lado. Michel estava sentado de frente para elas. Encarava-as sem a menor cerimônia ou despiste.

— Acho que ele vai se dar bem — arrisquei.

— Agora, não — garantiu Cláudia.

— Talvez — ponderou Michel.

A investida não prosperou, salvo se algum acordo foi firmado para surtir efeito mais tarde. O rapaz subiu as escadas e foi reunir-se aos amigos no mezzanino do bar. Todos riram quando ele chegou saltando os degraus de dois em dois. As três gazelas ficaram cutucando-se e rindo como se alguém não parasse de fazer-lhes cócegas. A vida parecia-lhes terrivelmente divertida por razões que só elas eram capazes de decifrar. Não eram, contudo, diferentes de outras meninas da mesma idade mundo afora. Infelizmente esse tipo de riso gratuito passa junto com a juventude. O garçom veio trazer o sorvete pedido por Cláudia. As garotas arregalaram os olhos de desejo diante das bolas coloridas. Um pouco mais e começavam a salivar, safadas, as três cadelinhas pavlovianas loiras e risonhas, carinhosamente falando, claro, muito claro.

— É lindo ver meninas assim comerem pizza com as mãos, não achas, Michel? — eu perguntei ao constatar que ele não tirava os olhos límpidos de cima delas.

— Seria mais lindo vê-las tomarem sorvete.

— Será que elas vão pedir sorvete, Michel?

— Vão, claro que vão. Não viste como elas cobiçaram o sorvete da Cláudia? Vamos esperar para ver. Calma.

— Por que achas mais bonito vê-las tomar sorvete?

— Elas vão botar a língua para fora.

— Ah, lamber é sempre erótico!

— Hummm...

— Tu gostas de lamber, Michel?

— Por que não? E de ser lambido.

Ficamos esperando que elas terminassem as pizzas e pedissem a sobremesa. Não resisti a fazer uma provocação.

— Estás mesmo na crise dos 40, Michel. As menininhas começam a te tirar do sério com seus trejeitos.

— Elas são belas.

— Estou vendo. Não há uma controvérsia a respeito da tua verdadeira data de nascimento ou coisa parecida?

— É história velha.

Disse isso e ficou pensativo. Dava para ver que se embrenhava em si mesmo. Uma linha escura, como uma das morenas das geleiras que víramos, cortou o azul intenso de seus olhos quase líquidos de tão claros e vivos.

— Quando eu era menino, na escola, uma garota mais velha do que eu sempre vinha conversar comigo. Aquilo me perturbava. Eu não sabia muito bem como reagir ou como me comportar. Ela se interessava por mim de um jeito curioso. Sempre me procurava no recreio, falava comigo, mostrava-se atenciosa, carinhosa mesmo, cheia de ternura e de cuidados. Eu me sentia atraído e constrangido.

— Imagino a cena. Ela era linda, a garota mais desejada do colégio, e, contrariando as expectativas e provocando ciúmes nos grandes, vivia atrás de ti.

— Mais ou menos isso. Não sei exatamente o que ela queria comigo. Sei que ela me impressionava.

— Ela foi o teu primeiro amor?

— Não sei. Eu me lembro bem dela. Não era uma situação comum. Era fascinante. Aquilo mexia comigo.

— Será que, mesmo sendo mais velha, ela queria te desvirginar? Há mulheres que adoram caras inteligentes.

— Acho que as mulheres me sentiam frágil e queriam cuidar de mim. Eu tive uma professora de alemão que me marcou. Ela acreditava em mim. Elogiava meus progressos na matéria. Eu fui um excelente aluno de alemão. Ainda hoje, penso nisso tudo, claro, de uma maneira confusa, pois não consigo colar todos os fragmentos. Faltam pedaços.

— Eu também fui apaixonado pela primeira professora que me deu aula. Ela se chamava Eulália e parecia uma boneca de porcelana. Foi a primeira mulher que eu vi de minissaia, em Palomas, o vilarejo onde cresci.

— Palomas é o teu *bled*?

— Sim, é a minha aldeia, o meu lugar.

— É incrível como os lugares da infância nunca mais saem da gente. É como se vivêssemos para lidar com isso.

— Com isso e com os nossos amores mal resolvidos.

— Não acho que eu tenha me apaixonado por minha professora — disse Michel, após um instante de reflexão.

— A tua iniciação sexual foi complicada?

— Não, ao contrário, foi excelente, muito boa mesmo. Ela não aconteceu com essa colega mais velha da qual acabo de falar, mas foi muito boa, prazerosa. Eu me dava bem com as meninas, embora não soubesse muito bem como lidar com elas. — E a tua?

— A segunda, a que vale mesmo, foi normal.

— E a primeira?

— Bom, a primeira não conta. Foi com uma ovelha.

— Ah, agora compreendo tudo, foi por isso que não gostaste quando falei mal das ovelhas.

— Sem essa. Não houve amor nem paixão entre nós.

— Poderia ter sido uma paixão "*animalière*", não?

Rimos muito. Casablanca era o ambiente perfeito para todo tipo de confidência, mesmo as improváveis ou comprometedoras. Michel falava suavemente de sua infância e adolescência, das garotas que dele se haviam aproximado, de suas hesitações e embaraços, suas dúvidas e desejos, seus medos e suas angústias. Vez ou outra, ele erguia a cabeça para fitar as comedoras de pizza, nessa altura já saciadas. Havia rastros vermelhos de ketchup nos pratos e nos guardanapos. As meninas continuavam falando e rindo sem parar. Creio que espiavam de canto de olho o homem que as examinava frontalmente. Foi aí que, tentando ser engraçado, acho que cometi um erro, uma indelicadeza, uma grosseria que lhe cortou o fluxo das lembranças e a ternura das confissões mais inesperadas de toda a nossa viagem.

— A gente chama isso de punheta, Michel.

— Perdão?

— Esse momento de indecisão típico da adolescência, quando não temos coragem de saltar em cima das meninas que desejamos e que nos desejam, é o momento da punheta.

— Hummm...

Ele se fechou. Uma sombra de tristeza substituiu a luz marota que brincava em seu rosto enquanto esperava o instante crucial em que as meninas pediriam sorvete.

— Foi dura a tua vida no internato? — perguntei em desespero, tentando desviar de um assunto espinhoso para outro cercado de arame farpado.

— Eu sobrevivi — foi sua única resposta.

— Elas não vão pedir sorvete — decretou Cláudia.

— Vão, claro que vão — eu disse, mais como um desejo para aliviar a tensão do que como uma convicção.

— Bem, só nos restará imaginar o que perdemos — suspirou Michel, visivelmente descontraído.

Ufa! O pior havia passado. Ainda me sobrou coragem para sugerir um título para a imagem que não veríamos:

— Meninas riem e tomam sorvete no bar Casablanca, em El Calafate, na Patagônia argentina.

— Pode-se fazer pior — considerou Houellebecq.

Dei-lhe razão. Esperamos a conta em silêncio, contando os mortos e os feridos. A vida continuava.

— É sempre a mesma história — eu falei, quase cantarolando —, a luta pelo amor e pela glória...

— Pelo poder e pela glória — corrigiu Michel.

— É a mesma coisa — garanti.

Michel não cantou "As time goes by". Nunca saberemos se as meninas risonhas tomaram sorvete ou se "ficaram" com os rapazes do mezzanino ao cair da tarde. Ventava nas ruas de El Calafate. Fomos comprar sapatos para mim.

25

Avançamos os três pela rua, lado a lado, as mãos soltas junto ao corpo, como se caminhássemos para o duelo final. Kid Juremir, Butch Houellebecq e a pistoleira Cláudia (ela não vai gostar dessa ideia!) rumavam para o acerto de contas em Calafate Corral sem qualquer vestígio de medo nos olhares gelados e nos narizes vermelhos. Nenhum adversário, contudo, surgiu no sentido oposto para nos desafiar. Não sabem do que escaparam. Nem imaginam o quanto havia de frieza em nossos gestos. Na falta de melhor combate, entramos numa loja da Libertadores para escolher sapatos. É uma mania minha. Já comprei sapatos, por exemplo, no Peru, no Uruguai, na Venezuela, no Chile, na França, naturalmente, na Alemanha e na Argentina. Nos aeroportos, corto o cabelo e leio Simenon. No exterior, compro sapatos e imagino um livro tendo um escritor famoso como personagem. Comprar sapatos e cortar o cabelo em viagem é uma maneira racional, não necessariamente barata, de matar o tempo e de resolver questões práticas. Já comprei bons sapatos brasileiros no estrangeiro por preços mais em conta. Michel ficou sentado numa pedra do canteiro central da avenida esperando por nós.

Comprei um bom par de sapatos pretos. Nas lojas brasileiras, curiosamente, só encontro sapatos que cada vez mais se parecem com tênis (e eu detesto tênis quase tanto quanto detesto filme brasileiro e romances sem ironia) ou sapatões de empresário, desses que lembram caixões de defunto adaptáveis aos pés, pesados como cascos e duros como ferraduras dominicais. A viagem para mim, portanto, estava completa. Eu já tinha sapato para mais um ano. Reencontramos Michel com um ar de estátua. Bastaria aplicar gesso e teríamos o molde perfeito para a sua escultura ou para a sua máscara mortuária. Ele estava, porém, bem vivo. A touca marrom parecia ainda mais enterrada na sua cabeça. O olhar cortante divisava os confins da rua como se buscasse perfurar até as montanhas. Sem brincadeira, era o olhar do coiote.

— Qual o sentido da vida, Michel?

— Eu estava quase descobrindo quando tu me interrompeste. Agora não sei quando serei capaz de desvendar esse mistério. Foi por muito pouco.

Retornamos ao hotel no mesmo passo de bandoleiros frios ou congelados. Pensamos em jogar sinuca para matar o tempo. Já era tarde para uma virada de comportamento tão radical. Só nos restava partir, dando as costas ao "Velho Oeste" patagônico e magalhânico como heróis solitários que cumpriram a missão reservada pelo destino mesmo sem acreditar no destino e sem ter compreendido a missão. Seguimos imediatamente para o aeroporto, onde, por acaso, tivemos nossa última e mais grave "*conversation animalière*". Foi logo depois que despachamos nossas bagagens e que Michel decidiu agir com determinação pedindo vinho para nós três. Não pretendo extenuá-los com a seriedade desse último diálogo de natureza metafísica e calcado em nossas imensas leituras ao longo de vidas dedicadas ao humanismo. Farei somente um resumo desse instigante embate filosófico.

— O homem é muito pior que o lobo-marinho, Michel.

— Ah, não. Eu, por exemplo, sou melhor.

— Eu não estava falando de exceções. No teu lugar, eu faria como Evaristo Carriego com os gringos, naquela história de Jorge Luis Borges, e não me contentaria em aborrecer os lobos-marinhos. Eu trataria de caluniá-los.

— É só o que tenho feito desde que os conheci.

— Eu posso dizer que o homem é vil, mau, mentiroso e capaz de abandonar os próprios filhos ao léu. O que tu podes dizer de pior sobre os pobres dos lobos-marinhos?

— Eles não têm serventia alguma.

— Eu nunca ouvi falar de um genocídio qualquer cometido por lobos-marinhos enfurecidos contra hereges.

— Eles são preguiçosos demais até para isso.

— Eles nunca produziram um Paulo Coelho.

— Talvez quisessem ler Paulo Lapin se fossem capazes de alguma coisa — zombou Michel, encantado com a descoberta de que coelho significa "lapin".

— Tu queres difamar a humanidade, Michel?

— Eu não perderia o meu tempo.

Deixo-lhes o imenso prazer de conceber o restante. Não é difícil. Basta usar o tom de Pascal ou de Voltaire em suas diatribes contra o gênero humano ou contra os vendedores de superstições. Quem não leu Pascal nem Voltaire pode contentar-se com Paulo Coelho e Dan Brown. Neste caso, porém, o homem e o lobo-marinho ganharão qualidades de envergonhar um pinguim desajeitado. No aeroporto de El Calafate, vivemos ainda uma história exemplar. O motorista que nos levou até lá mostrou a profundidade do orgulho argentino. Ele aguardava pacientemente que despachássemos as bagagens. Pensamos que esperava uma gorjeta. Ofereci-lhe dinheiro. Empertigou-se como se fosse jurar a bandeira nacional:

— Não — disse, fazendo um gesto com a mão espalmada.

Eu recuei assustado e vermelho de vergonha.

— Ainda não terminamos — ele completou.

A moça finalmente nos entregou os cartões de embarque. Nada mais havia a perguntar. Então, sempre com a mesma altivez, o motorista rompeu o silêncio:

— Devem pagar a taxa de embarque ali — indicou.

— Hã! — respondemos coletiva e harmoniosamente.

— Ficamos muito honrados com a visita de vocês. Boa viagem e espero que retornem um dia. Adeus!

Foi a despedida mais solene da minha vida.

26

No voo de El Calafate a Buenos Aires cada um de nós se recolheu a meditações transcendentais nas alturas e a alguns parágrafos dos nossos livros de bagagem de mão. Michel avançava passo a passo, de suspense em suspense, no seu tijolo assinado por Agatha Christie. Cláudia revisava filmes e fotos. Eu tentava me lembrar da Patagônia relendo algumas páginas de Bruce Chatwin.

Durante o lanche, servido com a firmeza com que os argentinos passam a bola num jogo de futebol, Cláudia me fez aterrissar um pouco. Eu estava nas nuvens.

— Que mais gostaste na Patagônia?

— Dos pinguins.

— Mesmo?

— Sim, falo sério, dos pinguins, do azul profundo das geleiras e do vento soprando nas ruas de Ushuaia.

— Por que dos pinguins?

— Eles me fazem pensar em Michel Houellebecq.

— E se ele te comparar aos lobos-marinhos?

— Ficarei ofendido, me defenderei citando Marcel Proust: durante muito tempo eu me deitei cedo...

— Hummm...

Rimos, antes de nos beijarmos.

— Eu sou um lobo-marinho. Quer dizer, invejo o estoicismo dos lobos-marinhos, aquele ar de caubóis...

Deixamos Michel Houellebecq na recepção do suntuoso Hotel Hyatt, o mais chique de Buenos Aires, e pedimos ao motorista do táxi para nos levar ao Suipacha. Combinamos ir juntos para Ezeiza na manhã seguinte. Antes de entrar no carro, provoquei Michel com uma pergunta original:

— Então, cara, que achaste da Patagônia?

— Riquíssima!

— Era o que eu pensava.

— E tu?

— Ora, Michel, eu odeio as viagens e os viajantes — pensei ter dito, mas não soube mentir apenas para citar Claude Lévi-Strauss. — Para o fim do mundo, meu velho, até que foi um bom começo — isso foi o que falei.

Ele acendeu um cigarro.

— Leva contigo, Michel, aonde fores, o teu fogo.

— Até no fim do mundo...

No hotel, abri meu laptop e escrevi como um cego de nome Borges imitando Borges num vilarejo do extremo sul, de nome Palomas, falsamente confundido por detratores apressados como uma imitação surrealista de Macondo, visto que Palomas sempre existiu como aquilo que nunca foi. Talvez ainda venha a ser: "O homem que desembarcou em Buenos Aires, em 2007, chamava-se Michel Houellebecq e era escritor. Em 2077, um dos seus netos, Miguel Houellebecq, era secretário de uma biblioteca municipal em Ushuaia e sentia-se profundamente argentino."

Todas as minhas obsessões e repetições cabem nesse parágrafo que não esqueci de salvar por estar bêbado.

27

Houve um erro de cálculo. Somos ótimos em erros de todo tipo que se repetem como duelos improváveis em histórias provadas de Borges. Na partida, havíamos errado o hotel de Houellebecq, obrigando uma recepcionista do Four Seasons, depois de muita procura e de muita fleuma portenha com desprezo inglês, a afirmar: “Esse nome não existe.” Na volta, cometemos o mesmo erro. O táxi teve de contornar o hotel errado, sob nossa firme orientação, pois o motorista estava perdido, mas conseguiu chegar ao Hyatt sem outros labirintos, apesar das divergências entre mim e Cláudia, ela querendo dobrar à direita, eu à esquerda. No retorno ao Brasil, precisávamos sair uma hora antes de Michel para não perdermos o voo. Liguei para o nosso quase ex-companheiro de viagem e expliquei o acontecido. Depois de um breve silêncio, ele declarou:

— Ah, bom!

— Sinto muito.

— Eu também.

A verdade é que não havia trânsito e chegamos cedo ao aeroporto. Garantimos nossos lugares e ficamos esperando Michel na frente do guichê onde ele deveria fazer o seu check-in. Depois de meia hora, desistimos.

Voltamos para Porto Alegre com uma dúvida: Será que ele chegou a tempo de embarcar? Será que caiu no sono? Cláudia, sempre ternamente pragmática, acabou por encontrar uma resposta que não admitia réplica:

— Ele me parece bem crescidinho.

— Continuas implicando com ele?

— Eu nunca impliquei com ele. Aliás, cá entre nós, até que eu me apeguei bastante a esse elemento.

No curto tempo da viagem até Porto Alegre, entre um jornal e imagens recuperadas por Cláudia, ressurgiu de algum lugar remoto da minha memória um fragmento de uma conversa rápida que tive com Michel na rua principal de Ushuaia, ao sair do supermercado. Por que eu havia esquecido dessa discussão? Qual seria o significado desse lapso? Afinal de contas, pensando bem, para mim, de um ponto de vista íntimo, tinha sido um dos momentos mais intrigantes da nossa curta e divertida convivência.

— Por que tu escreves, Juremir?

— Por incapacidade de parar...

— Hummm...

— Eu consegui parar de beber...

— Ah, bom!

— No começo, eu queria existir, ser famoso...

— O que houve depois?

— Achei que era capaz de contar bem uma história.

— Essas duas coisas não são incompatíveis.

— Não. Só muda tudo na vida de alguém.

— Tenho a impressão de que sim.

— O mais grave, Michel, é que passei a crer no meu estilo, no meu jeito, no meu olhar sobre as coisas. Ou seja, comecei a me dar o direito de ter um estilo.

— Que tem de pior nisso?

— Estou ficando idealista e romântico. Sonho em viver só de literatura. Quero todo o meu tempo para escrever.

— Realmente, Juremir, é grave.

Vacilei um instante. Um tremor percorreu-me o corpo, um desses calafrios que nos assustam antes de uma forte gripe de verão. Inclinei-me como se fosse vomitar.

— Tu estás te sentindo mal? — perguntou Michel.

— Estou me sentindo escritor.

— Sei, eu já passei por isso.

Tudo ficou nebuloso e ligeiramente fora de sintonia. Eu tinha ainda umas vinte citações de Borges para fazer, inclusive uma, colhida em *Evaristo Carriego*, sobre um bairro chamado Terra do Fogo em torno de um rio, de um cemitério e de uma prisão, mas me contive, dignamente. Não queria me sentir encerrado num universo literário e nem ter de explicar o que me escapava como uma geleira ao mesmo tempo eterna, azul como um mausoléu imaginário e em permanente liquefação. Naquele momento, com o andar quase tão firme quanto o de um pinguim, eu compreendi Michel Houellebecq pelo que ele não me respondeu.

— O que é a literatura, Michel?

— Hummm...

Eu lia a resposta em seus lábios, que se recusavam, contudo, a entreabrir-se, permanecendo como uma rosa murcha e sem perfume numa cerca viva de um país distante.

— Michel...

— Hummm...

— O que é a literatura, Michel?

— A literatura é uma forma de enganar a morte.

— De não morrer?

— Quase isso.

— De agarrar-se à vida?

— De morrer lentamente.

— De existir?

— De não se apagar inteiramente.

— Sei, sei... O que é a morte?

— Poderias me perguntar algo mais fácil?

— Não. Não me vem nada. O que é a morte?

— Uma ficção, quer dizer, um final para uma ficção.

— Tens razão, a morte é uma jogada de mestre.

— Talvez. Ninguém foge ao seu destino.

— Eu sei. Juro que sei. Ser escritor é como ser homossexual, compreende? É como ser puto. Ao contrário do que se diz, quase por toda parte, não se trata de uma opção, mas de uma descoberta da qual não se pode fugir.

— Um homossexual quer ser aceito.

— Um escritor também.

— Tu te achas bom?

— Só eu posso dizer o que tenho para dizer.

Certos diálogos são mais elucidativos e profundos na medida em que ficam visivelmente subentendidos. Eu poderia ter dito impiedosamente o que me veio à mente:

— Michel, eu sei o que te faz escrever...

— Hummm...

— Sempre soube, posso te garantir, desde o primeiro livro teu que li numa tarde cinza, em Paris.

— Então?

— Eu sei o que te faz escrever...

— Hummm...

— A tristeza.

— Ah, bom!

— Tu és um triste, Michel.

— Ah, sim!?

O título do mais belo livro de Juan Carlos Onetti, *Tão triste como ela*, vinha-me até a ponta da língua:

— Tão triste como eu.

— Por que tu serias triste? Cláudia está contigo.

— A tristeza, Michel — eu parafraseava sem ficar vermelho e sem me sentir idiota —, é como a tarde, como a poesia e como a rosa, sem um porquê.

— Ah, bom!?

— Sim.

— Eu nem desconfiava.

— Comigo, Michel, tu estás sempre aprendendo.

— Eu sou um bom aluno.

— Veremos no final do semestre, depois das provas. Façamos agora um pequeno teste. Em que ano Fernão de Magalhães localizou o estreito que leva o seu nome?

— Hummm... O professor não é obrigado a avisar os alunos o dia da prova com alguma antecedência?

— Está bem. Eu avisarei. Não vai ter mole.

— Estarei bem preparado.

A seriedade, definitivamente, não combinava conosco. Acho que poucas vezes encontrei um sujeito tão seriamente engraçado. Ou seria o contrário? Qual contrário?

— Para que serve a literatura, Michel?

— Para fazer rir.

— Ah, bom!?

— Para fazer rir diante da morte.

Rimos.

Cláudia riu também.

Tudo era ficção em nosso realismo turístico.

— Tenho medo da morte — acabei dizendo.

— Fica tranquilo, ela sempre avisa antes de chegar — falou Michel.

— Ah, bom!?

— Alguns segundos antes de se apresentar...

— Alguns segundos? Que merda é essa?

— É um tempo mais do que suficiente.

— Mais do que suficiente? Para quê?

— Para saber que se está morrendo.

Era morbidamente lógico e fatal. *Chapeau!*

Desembarquei em Porto Alegre doente de vontade de escrever e certo de que morrerei disso. É degenerativo. Escrever, vejam a enormidade da descoberta, mesmo se não se aprende escrevendo, não é como andar de bicicleta: não se cai necessariamente parando de pedalar, apenas se esquece com o tempo. É melhor continuar pedalando.

Passados alguns dias, enviei um e-mail para Michel dando conta da nossa alegria em ter viajado com ele. Respondeu que havia passado bons momentos conosco. Eu pedia notícias de sua passagem por Santiago. A resposta que deu foi laconicamente prolixa e definitiva: "No Chile foi melhor ainda que em Buenos Aires." Hummm...

28

Alain Robbe-Grillet morreu em 18 de fevereiro de 2008. Cláudia e eu estávamos no Nordeste do Brasil, num povoado muito pobre e lindo de Alagoas, passeando de bicicleta. O celular tocou. Luis Gomes, editor de *Os últimos dias de Corinto*, assim como de *Extensão do domínio da luta* e de *Partículas elementares*, me deu a notícia. Eu sempre temo quando o celular toca no fim do mundo. Sentei-me à margem do rio, num ponto em que ele faz uma curva e confunde-se com um vilarejo, mas não chorei. Vi crianças e adolescentes que se banhavam, mulheres lavando roupa numa pedra e uma velha contente, com uma bagana de cigarro na boca desdentada, indo e vindo com dois baldes de água. Contemplei os homens sem camisa deitados à sombra das árvores, ou jogando dominó, e os casebres espreguiçados no outro lado da rua. Não fosse pelas antenas parabólicas no alto de cada choupana, eu diria que ali o tempo se esquecera de passar. Alain Robbe-Grillet, convidado por mim, viria a Porto Alegre em abril de 2008 para o ciclo de conferências Fronteiras do Pensamento. Cinco dias depois da morte do velho safado francês, Michel Houellebecq completou 50 anos. Ou não? Sua polêmica mãe, que depois publicou um livro para explicar seus problemas com o filho célebre, garante que ele adulterou a idade. Muitos jornalistas exploraram esse detalhe anedótico, cuja importância para a carreira de Houellebecq é de uma magnitude extraordinária: nenhuma.

Por entre os coqueiros, pensando nos tantos críticos de Robbe-Grillet e de Houellebecq, acabei me lembrando dos meus. Como não me basta aborrecê-los nem caluniá-los, adoro me blindar contra eles para que me denunciem com a piada pronta que lhes forneço: continuei pedalando. Assim atravessei o rio. Seria outro? Seria o mesmo? Seria outra curva do mesmo rio? Ou outro rio curvando-se para nos deixar atravessar o paraíso em homenagem aos livros que Alain Robbe-Grillet deixou? Robbe-Grillet, ao que parece, não gostava de Michel.

Continuo pedalando. *Work in progress.*

Enganei-me quanto ao dia, não o ano, de nascimento de Michel. Ou seria o contrário? Uma gafe cujo mistério ainda não decifrei. Mandei-lhe um e-mail de parabéns com alguns dias de antecedência. Começava assim: estamos aqui num paraíso chamado "Saint Michel des Miracles" pensando em ti.

Com sua britânica elegância francesa ele fez de conta que não percebeu o erro. Respondeu com uma pergunta: "Vocês não vão demais ao paraíso, não?"

Repliquei dissimuladamente: no paraíso a gente pode se enganar sobre a data do aniversário dos amigos.

Não a morte.

Fiquei me perguntando se Michel Thomas, que viria a ser Houellebecq, teria sido realmente, algum dia, como ele admite numa entrevista a Fernando Arrabal, internado em clínicas psiquiátricas. Por que me viera a dúvida? Não sei. Talvez eu saiba: ele me parece aquém e além da depressão. Mais de um ano depois de ter escrito este relato que termina aqui, li, enfim, o livro de Denis Demonpion sobre Houellebecq, assim como o acerto de contas publicado por Lucie Ceccaldi e *Ennemis publiques*, a troca de correspondência entre Michel e Bernard-Henri Lévy, que também esteve no Brasil, três vezes, graças a convites intermediados por mim. Nada mudou para mim. Minha narrativa permaneceu intocada. Eu nunca duvidei de que a literatura de Michel Houellebecq é uma obra de arte escorada em ironia radical e humor cruel, impossível de ser reduzida à biografia do autor, embora extremamente hábil em usar alguns elementos biográficos para, em seguida, explodi-los como quem dispara contra um espelho. Nos romances de Houellebecq só o estilo conta. É pura forma. Forma pura. Só estética.

Permanecemos no gelo eterno.

Assim entramos como partículas sem extensão num azul eterno e gelado onde pequenos fogos se acendiam de quando em quando em ilhas impossíveis. Patagônia, Terra do Fogo, lobos-marinhos, pinguins, amigos e escritores foram, aos poucos, convertendo-se em imagens para sempre congeladas.

Este livro foi composto na tipologia Sabon LT Std, em corpo 11/16, e impresso em papel off-white 80g/m² no Sistema Cameron da Divisão Gráfica da Distribuidora Record.